사회복지현장실습과 세미나

김양미

KNOWLEDGE COMMUNITY 공동체

머리말

사회복지현장실습은 사회복지학을 공부하는 학생들이 학교에서 배운 지식과 기술을 실제 사회복지현장에서 적용하여 예비사회복지사로서 실제적인 역량을 키우는 필수 교육과정이다. 현장실습의 교육과정을 통해 학생들은 사회복지사의 실질적인 직무와 역할에 대해 이해하게 되고, 이론과 실제의 접목 또는 괴리를 목도할 수도 있다. 또한 실제적이고 다양한 사회복지현장실습 경험은 해당 학생에게 향후 자신의 진로에 대해 확신이 서는 기회가 되거나, 때로는 새로운 진로를 탐색해야 할 필요를 느끼게 하는 계기가 되기도 한다.

한국 사회에서 사회복지에 대한 관심과 이에 호응한 사회복지사의 양적 팽창은 계속 확장되고 있다. 이러한 양적 팽창과 더불어 질적 성장을 도모하고자 최근 법 개정을 통해 사회복지현장실습의 요건을 더욱 강화하고 있는 추세이다. 사회복지직이 사람을 대상으로 하는 휴먼서비스임을 상기해 볼 때 세심하고 촘촘한 교육과정이 마련되고 반복적으로 개선되는 과정을 거치는 것은 바람직한 현상이라 할 수 있다.

이 책은 크게 두 부분으로 나누어 기술되었다. 제1부는 실질적인 사회복지현장실습에 대한 이해와 과정에 관련된 내용으로 구성되어 현장실습에 임하는 학생들에게 실질적인 정보를 제공하고자 하였다. 사회복지현장실습 과정의 각 단계별로 필요한 서식은 각 단계 내용 말미에 첨부하였고, 본문에 언급되지 않았지만 사회복지현장실습에서 활용할 수 있는 서식들은 부록에 기타 서식으로 첨부하였다.

제2부는 다년간 사회복지현장실습 과목을 교육하면서 학생들이 현실적인 자격증이나 성적 취득에 갖는 관심에 비해 사회복지와 사회복지직 그리고 사회복지사에 대한 본질적인 이해에는 상대적으로 관심이 부족한 것에 아쉬움을 느껴 사회복지직의 정체성과 사회복지사의 직무와 역할에 대해 살펴보았다. 이어 사회복지실천현장에서 사람을 주 대상으로 하는 휴먼서비스의 속

PREFACE

성상 피해갈 수 없는 윤리적 문제에 대해 정리해 보았다. 또한 이런 맥락에서 각 장 후면에 사회복지현장실습세미나 강좌에서 실제로 필자가 적용 중인 토론 주제와 수행방법, 활동지를 첨부하여 실습세미나 강좌에 활용할 수 있도록 구성하였다.

책의 내용은 다양한 자료를 참고하여 기술하였으나 사회복지사 자격기준의 공식화에 따른 공적인 규정과 기준이 중요하므로 주로 보건복지부와 한국사회복지사협회에서 제시한 지침을 중심으로 서술되었으며 최근 개정된 내용을 수록하고자 노력하였다.

여러 사정으로 처음 집필할 때 구상한 의도를 다 펼치지는 못했지만 향후 지속적인 보완 과정으로 이를 보충하고자 한다. 부족한 책이지만 예비사회복지사로서 실질적인 실습과정을 통해 자신의 역량을 성장시키고자 하는 학생들에게 도움이 되기를 바라며, 책의 출간을 위해 애써주신 도서출판 공동체 가족 여러분께 감사드린다.

2023년 1월

김양미

차 례

PART 02 사회복지와 윤리의 이해

PART 01

사회복지현장실습의 실제

01 CHAPTER 사회복지현장실습의 이해

1. 사회복지현장실습의 개념

사회복지현장실습은 학교에서 학습한 사회복지실천의 가치 및 윤리, 지식 그리고 사회복지실천과정 및 기술을 사회복지실천현장에서 실제로 적용하는 현장학습을 통해 전문직의 사명감과 실천능력을 겸비한 사회복지사로 양성하고자 교육, 훈련하는 사회복지교육의 핵심과정이다(한국사회복지사협회, 2017). 예비사회복지사가 실습과정을 통해 클라이언트와 사회복지실천 분야의 동료들, 그리고 지역사회와의 만남과 경험을 통해 전문 사회복지실천의 문화, 규범, 가치를 경험하는 과정이라 할 수 있다(김윤나, 2012).

학생들은 현장실습 과정을 통해 구체적인 실천기술의 기반을 마련하고 전문가로서의 능력을 개발하며(Bogo & Globerman, 1999), 교실에서 배웠던 내용을 현장에서 시험해 보고 전문성을 키우고 정체성을 확립시킨다(Larser & Robbins, 2004). 또한 사회복지현장실습을 통해 사회복지실천현장에서 지켜져야 할 윤리적인 실천과 딜레마를 경험하는 중요한 시간을 가지게 된다. 이러한 측면에서 사회복지현장실습은 사회복지교육과정에서 핵심적인 요소로 평가받고 있다.

2. 사회복지현장실습의 목적과 목표

사회복지현장실습은 교육기관과 실습기관 그리고 실습 당사자가 협력하여 현장에서의 실질적이고 체계적인 실습과정을 통해 전문적인 사회복지사를 양성하는 것이 주 목적이라 할 수 있다. 사회복지현장실습의 구체적인 목적과 실습과 관련된 각 주체들의 목적을 살펴보면 다음과 같다.

1) 사회복지현장실습의 구체적 목적(한국사회복지교육협의회, 2017)

① 실천현장의 문제해결 및 서비스 제공 과정에서 사회복지 가치 및 윤리강령의 내용, 지식 및 기술을 적용할 수 있는 능력 향상
② 클라이언트 체계의 문제 확인, 정보수집, 사정, 개입계획 및 개입수행, 그리고 평가과정을 통해 문제해결에 대한 적합한 지식과 기술을 습득
③ 지역사회 내 위험집단 및 표적집단의 특성, 강점, 그리고 자원에 대한 지식을 활용할 수 있는 능력 배양
④ 사회복지시설, 기관 및 조직의 사명, 정책 및 행정에 대한 이해
⑤ 실천현장 관련 국가 및 지역사회(지방자치단체)의 사회복지정책 및 전달체계를 분석하고 실천에 적용
⑥ 사회복지사로서의 자아인식을 증진시키고 전문직 정체감을 형성
⑦ 클라이언트인 개인, 가족, 집단, 지역사회를 대상으로 실천가로서의 전문적 기술과 능력을 개발

실습과 관련된 각 주체들, 즉 실습생, 교육기관, 실습기관별로 사회복지현장실습의 목적을 나누어 살펴보면 다음과 같다(김영호 · 오정옥 · 이은경, 2008).

2) 실습생의 목적

① 실습생은 실습기관에서의 실습을 통해 교육기관에서 학습한 이론과 기술을 적용하고 습득하는 기회를 가진다.

② 실습생은 사회복지실천에 대한 자신의 능력 및 한계에 대한 통찰력과 자기 인식을 통해 사회복지직에 대한 자신의 선택에 대한 동기와 사회복지직에 대한 이상에 대해 확인하는 기회를 가진다.

③ 실습생은 각각의 복지 관련 기관에 대한 구체적 기능과 그 기관의 기능이 어떻게 수행되고 있는지를 학습하고 사회복지 관련 기관들에 대해 이해한다.

④ 클라이언트 체계(개인, 가족, 집단, 지역사회)의 욕구에 대해 이해한다. 클라이언트가 가지고 있는 욕구의 개별성과 개방성에 대해 이해할 뿐 아니라 각 복지 관련 기관 또는 시설들의 원조 과정을 경험하고, 실천과정에서 구체적인 기술 및 전문가로서의 사회복지실천과정을 습득한다.

⑤ 타 교육기관의 실습생과 함께 실습에 참여함으로써 사회복지 관련 정보를 교환하고, 실습경험을 함께 나누며 새로운 동료애와 이후 사회복지사로서의 보다 폭넓은 정체감을 형성할 수 있다.

3) 교육기관의 목적

① 사회복지기관 및 시설과 산학협력을 통하여 학교교육과 실천현장과의 교량 역할을 한다.

② 실습지도교수는 실습지도과정을 통하여 실천현장에서의 구체적이고 실제적인 사례들을 이해하기 위하여 교육과 학습의 보조 역할을 할 수 있도록 한다.

③ 사회복지교육과정의 효율성, 효과성을 평가하는 기회로 활용한다.

④ 실습생을 통하여 간접적으로 다양한 사회복지실천현장에 대한 이해를 증진시킬 수 있는 기회로 활용한다.

4) 기관의 목적

① 실습생을 통해 사회복지의 새로운 경향과 기술 및 지식을 접하는 기회로 활용한다.

② 실습생을 통하여 클라이언트에게 더욱 다양하고 새로운 형태의 서비스를 제공할 수 있으며, 이러한 기회를 통해 기관 및 지역적 특성에 맞는 새로운 영역을 개발할 수 있도록 한다.

③ 전문 사회복지사 양성을 위한 교육 프로그램의 개발 기회로 활용한다.

④ 실습생이 학교에서 습득한 기술, 지식 등을 실천현장에서 접할 수 있는 기회를 제공한다.

⑤ 학교와 지속적 연계로 이론과 실무에 대한 정보교환의 기회를 갖는다.

3. 사회복지현장실습의 필요성 및 기대효과

1) 사회현장실습의 필요성

사회복지는 실천적 학문이며 따라서 이론적 지식뿐 아니라 실천적 경험을 통한 전문적 역량 강화가 필요하다. 석말숙과 김정진(2022)은 실천적 지식교육을 위해서는 지식과 응용의 통합이 필요하며 이를 위하여 선지식, 직접적인 경험, 지식과 경험의 후통합을 위한 재통합과 같은 일련의 과정이 수반되어야 함을 강조하면서 노울즈(Knowles, 1972)의 성인학습모델 관점에 주목한다. 노울즈는 전문적인 교육을 목표로 하는 대학교육의 주 대상은 자기지향적인 학습양식을 선호한다고 보고 성인학습자의 학습 과정에서는 학습 동기에 영향을 미치는 생활경험이 존중되어야 하고 이를 학습에 활용하도록 성인학습자를 격려해야 한다고 보았다. 또한 성인학습자는 역할성취를 위한 학습동기가 높기 때문에 실천현장에서 클라이언트와 직접 경험이 학습의 효과를 극대화하며, 주제 중심적인 접근보다는 문제 중심적인 경향이 있어 즉각적인 지식 적용 기회를 선호한다고 하였다(석말숙 · 김정진. 2022).

사회복지현장실습이 사회복지사로의 전문성과 정체성을 확립에 기여한다는 측면에서 볼 때 사회복지현장실습의 필요성은 다음과 같다(이원주 · 우병훈, 2020).

① 사회복지사에게 필요한 필수능력은 교과과정만으로 익힐 수 없으며 사회복지실천현장에서의 경험을 통해서 얻을 수 있다.
② 실습생들은 교과과정에서 배운 사회복지 이론들을 실습을 통하여 사회복지실천현장에서 직접 실천할 수 있는 기회를 갖는다.
③ 실습생들은 실습과정을 통하여 다른 활동으로는 발견하지 못했던 자신의 적성 및 장점과 단점 같은 자아인식을 경험할 수 있다.
④ 실습생들은 실습과정을 통하여 사회복지에 대한 지식을 얻을 수 있을 뿐만 아니라 기초적인 제반 사무능력을 배양할 수 있는 기회를 갖게 된다.

2) 사회현장실습의 기대효과

사회복지현장실습을 통해 실습과 관련된 주체인 실습생과 교육기관, 실습기관은 다음과 같은 기대효과를 얻을 수 있다(서진환, 2011; 홍나미 외, 2022).

(1) 실습생의 기대효과

먼저 실습생은 사회복지현장실습을 통해 학교에서 배운 이론을 사회복지현장에서 적용할 수 있는 기회를 가진다. 다양한 클라이언트 집단을 실제로 만나 사회복지실천을 수행하는 과정에서 학교에서 배운 내용을 숙지할 수 있으며 자신의 관심 대상이나 영역을 발견할 수 있다.

둘째, 사회복지현장실습을 통해 사회복지사의 전문적 역할수행을 관찰할 수 있는 간접적인 학습의 기회를 가진다. 사회복지현장실습 과정을 통해 사회복지 전문직의 다양한 역할을 수행하는 사회복지사들과 다른 전문직의 역할수행을 관찰할 수 있는 간접적인 학습 기회를 가지게 된다.

셋째, 실습생은 현장실습 기간 동안 클라이언트, 동료집단, 전문가 집단을 만나게 됨으로써 사회복지의 문화, 규범, 가치를 배우는 사회화 과정에 참여할 수 있는 기회를 가지게 되며 이 과정에서 실습생은 수동적인 학습자에서 능동적인 전문가로 변화하게 된다.

넷째, 실습생은 사회복지현장실습 교육을 통해서 사회복지직이 자신에게 맞는 직업인지 결정할 수 있는 기회를 가지게 되며 이는 실습생의 미래 직업 계획을 세우는 데 중요한 역할을 한다. 실습생이 현장실습 과정에서 자신의 장단점을 발견하고 자신의 진로를 결정할 때 교육기관과 실습기관의 지도자는 이를 원조할 수 있다.

다섯째, 실습생이 예비사회복지사로서 정체성을 확립할 수 있는 기회를 가질 수 있다. 사회복지현장실습 기간은 사회복지사로서의 정체성이 확고해지는 시기이다. 실천현장에서 윤리적 딜레마를 경험하기도 하고, 타 전문가들과의 관계 속에서 서비스 전달에 참여하는 등의 전문가적인 경험을 통해 예비사회복지사로서 정체성 확립을 위한 기회를 제공받게 된다.

(2) 교육기관의 기대효과

사회복지현장실습교육을 통하여 사회복지교육의 목적을 효과적으로 실현할 수 있는 기회를 가지며, 사회복지현장 경험의 기회를 지속적으로 제공받고, 학문 연구를 강화시키는 기회를 가지게 된다.

(3) 실습기관의 기대효과

실습기관은 사회복지현장실습교육을 통하여 인력 활용의 기회를 가지며, 예비사회복지사를 양성하는 기회를 가지게 된다. 또한 실습교육을 통해서 효율적인 인력수급을 위해서 잠재적 자원을 개발, 선택, 평가할 수 있는 기회를 가지게 되고, 실습지도자의 슈퍼바이저로서의 역량을 개발하는 기회를 가지게 된다.

4. 사회복지현장실습 주체 간 역할

사회복지현장실습의 목표를 성공적으로 달성하기 위해서는 사회복지현장실습과 관련되어 있는 각 주체들(실습생, 교육기관, 실습기관 등)이 각자의 역할을 인지하고 책임에 충실해야 하며 효과적인 사회복지현장실습의 결과 도출을 위하여 각 주체 간 긴밀한 상호협력에 적극적인 자세로 임할 필요가 있다.

1) 실습생의 역할과 책임

사회복지현장실습에 참가하는 실습생은 사회복지현장에서 사회복지기관의 구조 및 운영에 대해 이해하고, 실습을 통하여 기관이 제공하는 복지서비스에 대해서 이해하게 된다. 또한 실습기관이 위치해 있는 지역사회의 문제와 이를 해결하기 위한 지역자원 체계를 파악하고, 클라이언트 체계에 직접적인 서비스를 제공하는 사회복지실천 과정을 경험하게 된다(한국사회복지사협회, 2017). 실습생은 실습지도자와 실습지도교수가 제공하는 현장학습지도를 받으며 사회복지사로서 전문적 가치관과 역할, 지식, 기술, 자아인식과 복지 마인드를 가지게 되며, 기관 내 다른 직원 및 타 학교 실습생과의 유대관계를 통해 인적, 사회적 자원을 연계할 수 있다(오혜경 외, 2007).

(1) 실습생의 역할

실습생은 실습을 시작하기 전에 먼저 자신이 평소 관심을 두고 있던 사회복지 분야의 실습기관을 찾아야 하며, 실습생 프로파일을 작성하여 실습기관의 면접을 준비하여야 한다. 실습기관 지도자와의 사전 면담 시 실습목표와 욕구를 명확하게 전달하여 실습교육에 반영될 수 있도록 하여야 하며, 실습이 시작되기 전에 반드시 실습지도교수에게 정확한 실습일정을 보고해야 한다.

실습이 시작되면 실습지도자에게 필요한 자료를 제출하고 지속적이고 책임 있는 자세로 실습지도에 임해야 한다. 실습과제 수행과 관련된 기록은 세밀하게 정리하여 양식에 맞게 기간 내 제출하여야 한다. 실습 중 문제가 발생하면 실습지도자에게 상황을 알리고 상담을 통해 해결하도록 노력하여야 한다.

실습 후에는 실습지도교수에게 실습 종료를 보고하고 실습세미나에 참여하여 교육기관의 실습지도교수가 요구하는 다양한 실습과제물을 제출하며, 실습평가 과정에 적극적으로 참여하여 한다(임정문 외, 2021).

(2) 실습생의 책임

실습생의 책임은 다음과 같다(정연모, 2020).

① 비밀보장의 원칙을 지킨다.
② 실습일정에 따라 출석하는 것을 원칙으로 한다.
③ 실습계획에 따라서 모든 업무를 수행한다.
④ 모든 실습업무는 계획된 실습시간을 활용해야 한다.
⑤ 기관의 규범에 따라 복장에 유의한다.
⑥ 학습경험을 최대화하기 위하여 토의가 필요한 부분은 미리 파악해 둔다.
⑦ 실습일지를 비롯하여 모든 과제물은 정해진 시간에 맞추어 제출한다.

⑧ 실습지도자의 지도감독 시간에 성실하게 임한다.
⑨ 자신의 학습경험과 발전을 검토할 수 있도록 지도감독 내용을 실습일지에 기록한다.
⑩ 실습지도교수와 실습과정에 관한 정보를 공유하기 위해 개별 집단 지도를 받아야 한다.
⑪ 자신의 교육욕구와 관심에 대해 실습지도자와 자유롭게 의사를 교환한다.
⑫ 실습업무와 관련된 갈등 문제는 실습지도자나 실습지도교수와 의논한다.
⑬ 실습평가서와 현장교육에 대한 실습생의 의견을 제출하여야 한다.

2) 교육기관의 역할과 책임

교수자의 역할은 듀이(Dewey)가 말했듯 '교사는 단지 개인적인 훈련에만 관여하는 것이 아니라 적절한 사회적 삶의 형성에 같이 동참하는 것'이 되어야 하고, 학습자와 공동의 경험에 참여하여 탐구의 과정에서 학습자와 생각과 느낌을 공유해야 한다(Dewey, 1916, 허희옥, 2007 재인용). 이런 의미에서 사회복지현장실습에서 교육기관은 사회복지사의 자격을 갖추고 현장 실무경험이 풍부한 실습지도 전임교수에 의해 실습지도가 행해지도록 해야 한다. 또한 실습을 시작하기 전 학생들에게 실습생의 기본 자세와 역할, 실습동기화에 대한 교육을 실시하여야 하며, 실습생의 원활한 지도를 위해 실습기관을 존중하고 실습지도에 실질적인 책임을 가지고 의사소통을 하는 자세와 노력이 전제되어야 한다(한국사회복지사협회, 2017).

(1) 교육기관의 역할

교육기관(학교)는 실습교육을 위한 강의, 토의, 슈퍼비전, 기관방문 등을 통해 실습지도를 진행해야 하며, 실습교육 시 실습조교를 배치하여 실습기관 및 실습학생에 대한 연락, 실습상황 검토, 실습보고서와 평가서 정리 등의 업무를 처리해야 한다. 실습지도교수는 실습기관 방문, 전화, 온라인의 방법으로 실습기관과 긴밀한 관계를 유지해야 하는 데 이는 실습지도자와 개별 학생의 실습목표 협의, 학생의 실습목표 성취 정도와 실습상황 검토, 실습 관련 문제발생의 예방 또는 문제상황 중재 등의 목적을 달성하기 위한 것이다.

교육기관(학교)에서의 실습지도는 기본적으로 교육기관(학교)에서의 수업의 한 형태인 실습세미나로 진행되는데 실습세미나를 통해 실습생은 실습일지, 사례기록, 집단지도 보고서(실습생이 사용하는 양식 및 도구, 한국사회복지사협회 홈페이지 및 본 교재 서식 참조) 등 각종 보고서를 작성하여 실습기관의 실습지도자 확인을 받은 후 대학의 실습지도교수에게 제출하여야 하며, 실습지도교수는 실습보고서 검토 후 학교에서 학생과 면담(개별 또는 집단 면담)하여 문제점과 개선점을 토의하고 필요한 경우 실습기관 실습지도자와 협의하여 문제점을 해결한다(한국사회복지사협회, 2017).

실습세미나의 주요 내용은 다음과 같다(한국사회복지사협회, 2014).

① 학생의 실습과정에 관한 강점 및 개선점을 점검한다.

② 현장에서 적용한 사회복지실천의 방법 및 기술을 이론적으로 정리하여 지식과 경험을 통합할 수 있도록 지도한다.

③ 실습현장에서 직·간접적으로 경험한 사회복지실천과정이 다양한 클라이언트 체계에 미치는 영향에 대해 탐색하도록 지도한다.

④ 사회복지조직으로서의 실습기관에 대한 기능과 역할에 대해 이해하도록 토론을 유도한다.

⑤ 실습기관이 속한 지역사회 욕구를 파악한 것을 토대로 실습기관 서비스 간의 연계에 대해 이해하도록 토론을 유도한다.

⑥ 실습내용을 사회복지정책, 사회복지법규 및 제도와 연계하여 이해하도록 토론을 유도한다.
⑦ 사회복지실천현장에서 직면하는 윤리적 딜레마에 대해 토의한다.
⑧ 사회복지사로서의 전문적 자기인식에 대해 정리한다.
⑨ 실습생이 자신의 실습과정에 대한 평가를 통해 반영적 실천을 경험하도록 지도한다.

(2) 교육기관의 책임

교육기관의 책임은 다음과 같다(정연모 외, 2020).

① 교육기관은 한국사회복지사협회, 한국사회복지교육협의회의 실습교과목 운영지침을 숙지하고 이를 반영하여 실습교육을 수행한다.
② 사회복지현장실습 오리엔테이션을 기획・운영하고 현장실습과 관련된 행정적 절차를 총괄한다.
③ 실습교육의 질적 향상을 위해 기관의 실습계획서를 점검하고 기관과 실습지도자의 의견을 수렴하여 협의할 수 있도록 간담회 및 세미나를 주최한다.
④ 실습교육 과정의 지속적인 평가와 개발에 있어 실습지도자를 참여시키고, 실습생을 실습기관과 실습지도자에게 위임하고 적극적으로 지원한다.
⑤ 실습에 참여하는 학생들에게 정서적 지지를 제공하고 현장에서 부딪히는 어려움을 해결할 수 있도록 슈퍼비전을 제공하여 효과적으로 과업을 수행하도록 돕는다.
⑥ 실습생이 실습기관이나 실습지도자와의 갈등으로 어려움을 겪을 경우 이를 중재한다.
⑦ 기관방문 및 전화통화를 통해 원활한 실습이 진행되도록 원조한다.
⑧ 실습세미나를 통해 학생들이 자신의 경험을 공유하고 확장하도록 한다.

⑨ 실습생의 실습수행 과정 및 결과에 대해 평가한다.

⑩ 실습기관의 피드백을 반영하여 교육과정과 내용을 수정보완한다.

⑪ 실습에 대한 이론교육도 함께 진행되도록 한다.

3) 실습기관의 역할과 책임

사회복지 조직은 사회가 필요로 하는 서비스를 사회로부터 위임을 받아 전달하는 공식조직이다. 따라서 사회복지 조직이 사회에 대하여 맡은 바 책임을 수행한다는 것은 매우 중요하다. 실습기관들은 사회복지현장실습의 슈퍼비전을 통해 미래의 현장에서 사회복지 이념과 가치를 실현할 예비사회복지사들에게 양질의 업무수행 능력을 개발·육성하는 데 중요한 역할을 담당한다.

예비사회복지사에게 실습기관으로서 사회복지조직이 가지는 중요성은 사회복지조직의 책임성과도 밀접한 관련이 있다. 사회복지 조직이 책임을 져야 할 대상에는 서비스 대상인 클라이언트, 정통성과 권위를 부여해 준 사회, 사회복지 조직의 권익을 보장해 주는 사회복지 전문직이 있다.

첫째, 사회복지 조직이 책임져야 할 대상은 서비스의 대상인 클라이언트이다. 사회복지 조직은 일차적으로 클라이언트의 복지증진을 위해 존재하는 것이다. 즉, 사회복지 조직은 클라이언트의 이익을 최우선 순위로 놓고 서비스를 제공해야 하며 클라이언트의 편에 서서 최대한의 자기 결정을 할 수 있도록 도움을 제공해야 한다.

둘째, 사회에 대한 책임이다. 사회복지 조직은 사회의 전반적인 복지를 촉진시켜야 한다. 점차로 사회복지 조직의 활동은 사회적으로 인정된 목표를 달성하는 수단으로 생각되고 있다. 즉, 사회복지 조직들이 수행하는 모든 사업은 그것들이 사회적 목표를 달성하는 데 이바지할 수 있다는 것을 보여주지 않으면 안 되게 되었다.

셋째, 사회복지 전문직에 대한 책임이다. 사회복지 조직은 사회복지 전문직을 뒷받침하는 사회복지사 윤리강령을 준수함은 물론 사회복지 전문직의 지식체계를 충실하게 적용해 나감으로써 사회복지 전문직의 효과성을 올리고 위신을 높이는 책임이 있다(성규탁, 1993 : 396, 최재성 외, 2000 : 379 재인용). 또한 사회복지에 관한 전문적 지식과 기술을 개발하고 발전시킴으로써 사회복지 전문직의 성숙과 발전에 기여하는 책임을 져야 한다. 이러한 측면에서 사회복지기관은 한국사회복지사협회, 사회복지 관련 학회, 교육기관과 유기적인 관계를 맺고 활동해 나가야 하며 사회복지현장실습의 주체로서 미래의 사회복지전문직의 자원인 실습생에게 양질의 실습기회를 제공해야 한다.

(1) 실습기관의 역할

사회복지현장실습 기관은 먼저 현장실습에 대한 준비로 실습규정을 마련하고 실습 직무분석과 실습지도에 관한 기획을 해야 하며, 실습지도를 위한 자격있는 실습지도자를 확보해야 한다. 둘째, 실습생 모집 공고 및 실습생을 선발해야 하고 실습기관과 실습 내용에 대한 전반적인 오리엔테이션을 진행해야 한다. 셋째, 본격적으로 실습이 시작되면 실습생의 예비사회복지사로서의 역량 강화와 전문성 향상을 위하여 실습과제를 부여하여야 한다. 실습과제는 기관의 유형과 특성, 실습생의 교육수준과 경험 등에 따라 다양하게 제시되어야 하며, 실습생들이 학교에서 배운 사회복지의 전문적 가치 및 윤리, 지식, 사회복지실천 내용과 관련된 과제가 포함되어야 한다. 넷째, 실습지도자는 실습일지를 정기적으로 점검하고 피드백을 제공해야 하며, 실습과정에서 작성하게 되는 사례기록, 집단활동기록, 지역사회분석, 조직분석 등에 대한 슈퍼비전을 제공해야 한다(홍나미 외, 2022).

(2) 실습기관의 책임

실습기관의 책임을 크게 기관의 책임과 실습지도자의 책임으로 나누어 살펴보면 다음과 같다(정연모 외, 2020).

① 기관의 책임

- 실습지도 자격을 갖춘 실습지도자가 있어야 한다.
- 보다 효과적인 실습경험을 제공하기 위하여 적당한 물리적 공간과 시설을 제공해야 한다.
- 기관과 기관이 위치한 지역사회에 대하여 오리엔테이션을 제공한다.
- 클라이언트와의 직접적인 경험을 포함하여 적절한 학습경험을 제공한다.
- 사회복지전문직의 가치와 윤리에 대한 책임을 명시한다.
- 실습교육과 관련하여 학교와 긴밀한 협조관계를 유지한다.
- 실습교육과 학습목적에 부합하는 적절한 과제를 부여하고 이에 대한 지도·감독을 실시한다.

② 실습지도자의 책임

- 실습생 교육에 책임을 인식하고 있어야 한다.
- 실습지도자 자신이 사회복지실천가로서 실습생의 귀감이 될 수 있어야 한다.
- 실습교육 이전에 실습지도 목적과 지도방침을 설정해 놓아야 한다.
- 실습생의 욕구를 이해하고 이와 관련하여 적합한 교육을 할 수 있는 준비를 해야 한다.
- 실습교육에 요구되는 물품, 공간, 예산 등이 준비되었는지 사전에 점검한다.
- 실습이 시작되기 전 오리엔테이션, 실습생을 위한 학습공간, 업무의 선정, 실습교육을 위한 협조 인력 등을 미리 준비한다.

- 교육기관 내 직원들에게 실습계획 및 일정을 공유하고 실습생을 공식적으로 소개시킨다.
- 실습교육을 위한 업무시간을 할애해야 한다.
- 사회복지현장실습 관련 이론이나 지침에 대한 교육과 정기적이고 구체적인 슈퍼비전을 제공해야 한다.
- 사회복지 교과과정 내용에 대한 포괄적인 이해가 있어야 한다.
- 실습생을 위한 실무지도뿐만 아니라 정서적 지지 또한 제공할 수 있어야 한다.
- 실습목표에 부합하는 과제를 제시하고 과제물에 대한 적절한 피드백을 제공해야 한다.
- 실습교육목표에 부합하는 실습지도가 이루어질 수 있도록 학교와 협조체계를 유지한다.
- 실습생의 업무수행 능력과 태도를 평가한다.
- 평가는 중간, 종결평가 2회가 적정하며, 실습종결 후 2주일 내에 학교로 평가확인서를 제출한다.

5. 사회복지현장실습 교과목[1)]

사회복지현장실습은 사회복지사 자격을 갖추기 위한 필수과목 중 하나로서 사회복지사업법에 준하는 교육을 지향하여야 한다.

사회복지현장실습의 교육과정은 먼저, 사회복지실천현장에 학생을 배치하여 일정 기간 동안 실제로 클라이언트 체계(개인, 가족, 집단, 지역사회, 조직)의 욕구충족 및 문제해결을 위해 미시적, 중시적, 거시적 수준에서 사회복지사로서 어떤 역할을 수행해야 하는지를 경험하고, 이에 대해 실습기관의 실

1) 사회복지현장실습 교과목에 대한 내용은 한국사회복지교육협의회(2022). 사회복지 교과목 지침서 2022의 내용을 발췌・정리하였다.

습지도자로부터의 슈퍼비전을 받도록 한다. 그리고 학교에서 현장실습에서의 자신의 경험을 공유하며 실습지도교수의 슈퍼비전과 동료의 피드백을 받으며 자신의 실천을 점검하고 발전시키는 실습세미나를 병행한다. 이 과정에서 학생은 사회복지 현장에서 이루어지고 있는 서비스를 기획, 전달, 평가하는 과정에 참여하고, 자신의 업무수행에 대한 실습지도자, 실습지도교수의 슈퍼비전을 통해 사회복지사로서의 전문적 정체성을 수립하고 실무역량을 강화할 수 있다.

실습학생에게는 현장실습일지, 사례기록, 과정기록, 기관분석보고서, 중간평가서, 최종평가서 등 실습활동과 관련된 다양한 과제물을 제출해야 하는 책임이 있다. 실습기관은 실습지도자를 지정하여 실습학생에 대한 행정적, 교육적・임상적, 정서적・지지적 슈퍼비전(Kadushin의 슈퍼비전 기능 참고)과 더불어 실습일지 및 각종 기록에 대한 개별적인 슈퍼비전을 제공하여야 한다. 대학에서는 실습지도교수가 사회복지현장실습의 전 과정을 지도하기 위해 실습기관 및 실습지도자와 긴밀한 관계를 유지한다.

1) 사회복지현장실습 교과목의 목표

사회복지현장실습 교과목은 사회복지실천의 가치 및 윤리, 지식 그리고 사회복지실천과정 및 기술을 사회복지실천현장에 실제로 적용하는 현장실습을 통해 전문직의 사명감과 실천능력을 겸비한 사회복지사를 교육, 훈련하는 것을 목적으로 한다. 사회복지현장실습 교과목의 목표는 다음과 같다.

① 사회복지현장에서 예비사회복지사로서 사회복지 가치 및 윤리강령, 지식 및 기술을 적용할 수 있다.

② 클라이언트 체계의 욕구와 어려움 확인, 정보수집 및 사정, 개입계획 수립 및 실행, 그리고 평가의 전 과정을 수행할 수 있다.

③ 지역사회 내 위험집단 및 표적 집단의 특성 그리고 강점과 자원을 파악

하고 이를 활용할 수 있다.

④ 사회복지시설 및 조직의 사명, 관련 정책 및 행정을 이해하고 이를 실천에 적용할 수 있다.

⑤ 실천현장과 관련된 중앙정부 및 지방자치단체의 사회복지정책 및 전달체계를 분석하고 실천에 적용할 수 있다.

⑥ 전문 사회복지 인력으로서 적성을 점검하고 자신에 대한 이해를 높이는 과정을 통해 전문적 자기인식과 전문가로서의 정체성을 형성한다.

⑦ 사회복지실천현장 및 분야에 대한 이해를 높이고 실습한 내용을 학문적으로 이해하고 통합할 수 있다.

⑧ 사회복지사로서 자신의 진로를 결정하는 기회를 가진다.

2) 사회복지현장실습 교과목의 학점 및 시간

사회복지현장실습 교과목의 학점은 160시간 이상의 사회복지현장실습과 2시간 이상 및 15회 이상의 사회복지실습세미나를 이수하면 3학점 이상 부여할 수 있다.

학교, 학생(사회복지사업법 시행규칙 [별표 1]에 따른 '사회복지학 전공교과목과 사회복지관련 교과목'을 시행일 이전에 1과목이라도 이수하고 있는 학생은 개정 전 법령에 따라 적용을 받게 되므로, [사회복지사업법 시행규칙 일부 개정에 따른 변경법의 적용대상][2]의 세부내용을 확인 후 기관실습에 참여함), 기관의 사정에 따라 학생은 다음의 방법 중 한 가지를 택하여 기관실습에 참여할 수 있다.

(1) 학기 중 기관실습

주당 8시간 실습기관을 출석하여 중간·기말고사 기간을 포함해 총 160시간 이상(개정 전 법령 적용 시 120시간 이상)을 근무한다.

---

2) 자세한 사항은 〈부록 1〉 '사회복지사업법 시행규칙 일부 개정에 따른 변경법 설명' 참조

(2) 방학 중 기관실습

1일 8시간 주 5회(월~금) 실습기관(생활시설 포함)을 출석하여 최소 160시간 이상(개정 전 법령 적용 시 120시간 이상)을 근무한다.

기관실습은 실습지도자의 근로시간 내에 실시하며, 하루에 이수 가능한 시간은 최소 4시간 이상 최대 8시간 이하이며, 방학 중 기관실습에 참여한 학생은 다음 학기에 사회복지현장실습 교과목을 수강함으로써 연속성 있게 기관실습과 실습세미나를 학습하여야 한다.

사회복지현장실습에서 중요하게 다루어지는 사회복지현장실습에 관한 기준은 사회복지사업법 시행규칙 제3조 [별표 1] 제2호(보건복지부령 제663호, 2019년 8월 12일 개정), "기관실습 실시기관 선정 및 선정취소 등 사회복지현장실습 운영에 관한 고시"(보건복지부 고시 제2019-249, 11월 14일 확정 고시)에 구체적으로 규정되어 있다.

사회복지사업법 시행규칙 제3조 [별표 1] 제2호 필수과목 중 사회복지현장실습에 관한 기준(2019년 8월 12일 개정)
가. 기관실습 1) 기관실습 시간은 160시간 이상으로 할 것 2) 기관실습 실시기관은 다음의 요건을 모두 갖추었을 것 가) 사회복지사업을 수행하는 기관, 법인, 시설 또는 단체일 것 나) 보건복지부장관으로부터 선정되었을 것 다) 다음의 요건을 모두 갖춘 기관실습 지도자가 2명 이상 상근할 것 (1) 1급 사회복지사 자격증을 취득한 이후 3년 이상의 사회복지사업 실무경험이 있거나 2급 사회복지사 자격증을 취득한 이후 5년 이상의 사회복지사업 실무경험이 있을 것 (2) 기관실습이 실시되는 연도의 전년도에 8시간 이상의 보수교육을 받았을 것 (3) 기관실습 지도자 1명이 동시에 지도할 수 있는 학생 수는 5명 이내일 것

나. 실습세미나

1) 1회당 2시간 이상의 실습세미나를 총 15회 이상 실시할 것. 이 경우 정보통신망을 이 용한 온라인 교육을 실시하는 교육기관의 실습세미나에는 대면 방식의 세미나가 총 3회 이상 포함되어야 한다.

2) 학사, 석사 또는 박사 학위 중 2개 이상의 학위를 사회복지학 전공으로 취득한 사람으로서 3년 이상의 사회복지학 교육경험 또는 3년 이상의 사회복지사업 실무경험이 있는 교수가 지도할 것

3) 한 세미나에 참여하는 학생 수는 30명 이내일 것

다. 기관실습 지도자가 부여한 평가점수와 실습세미나 교수가 부여한 평가점수를 합산한 최종평가점수를 실습세미나 교수가 부여한다.

라. 가목부터 다목까지에서 규정한 사항 외에 기관실습 실시기관의 선정 · 선정취소, 사회복지현장실습의 내용 및 방법 등에 관한 구체적인 사항은 보건복지부장관이 정하여 고시한다.

"기관실습 실시기관 선정 및 선정취소 등 사회복지현장실습 운영에 관한 고시" 중 제9조 사회복지현장실습 운영(2019년 11월 14일 확정 고시)

① 교육기관은 사회복지현장실습 교과목 운영을 위한 행정총괄 및 실시기관과의 연락을 지원하고, 실습세미나 교수는 기관실습 지도자와 협력하여 사회복지현장실습기관 선정 현황과 실시기관별 사회복지현장실습 운영계획서에 따라 실습이 운영되도록 교과목을 총괄 운영하고 최종 평가한다.

② 사회복지현장실습에는 다음 각 호의 내용을 포함한다.

1. 기관, 지역사회, 클라이언트에 대한 이해
2. 기관과 관련된 정책 및 제도(지침), 자원 네트워킹에 대한 이해
3. 기관의 사회복지실천(또는 정책 및 행정 분야)에 대한 직 · 간접적인 경험
4. 기관의 행정 및 기록에 관한 교육
5. 사회복지사로서의 윤리적 실천 및 가치, 안전지침에 대한 교육
6. 실습내용에 대한 피드백 및 정기적인 슈퍼비전 제공, 실습 중간평가 진행 및 평가내용의 반영, 종결평가 진행 및 실습평가서 작성

③ 기관실습은 실습지도자의 근로시간 내에 실시하며, 하루에 이수가능한 시간은 최소 4시간 이상 최대 8시간 이하로 한다.

④ 규칙 제3조 [별표1] 제2호 나목 1)의 후단에 따른 대면방식의 세미나는 주 1회를 초과하여 실시할 수 없다.

3) 사회복지현장실습 교과목 내용

(1) 사회복지현장실습 선행과정

① 사회복지현장실습 교육계획 수립

사회복지현장실습은 기관실습 실시기관이 매회 가변적이며, 학생의 실습 수요와 지역사회 내 실습 가능한 기관 등이 적절하게 연결되어야 하기에 실습교육과 관련한 계획이 사전에 수립되어 운영될 필요가 있다. 학과 내에 실습위원회를 정식으로 구성하여 사회복지현장실습 교육 및 운영에 관하여 논의할 것을 권장하며, 사회복지현장실습 연간 교육계획에 포함할 수 있는 항목은 다음과 같다.

- **사회복지현장실습 수요 조사** : 실습교육 이수 예정 인원, 희망 분야 등을 사전 조사함으로써 실습교육 배치 기초조사로 활용
- 실습기관 목록 점검
- 선이수 교과목 점검 절차
- 실습 오리엔테이션 시행계획 수립
- **실습지도교수 선정** : 연간 운영계획 수립 총괄
- 실습지도교수의 실습지도 분반운영 계획
- 실습세미나 운영계획 수립
- **행정계획 수립** : 실습 운영 관련 예산 등

〈표 1-1〉 사회복지현장실습 선이수 교과목 권고

구 분	교과목
실습 전 필수 교과목	사회복지학개론, 사회복지실천론, 사회복지실천기술론, 인간행동과 사회환경(4개 교과목)
실습 전 선택 교과목	법정필수 및 선택과목 중 3개 교과목 ※ 사회복지현장실습은 제외

특정 영역 실습을 위한 선이수 권고	• 의료 분야 실습 : 의료사회복지론, 정신건강사회복지론, 정신건강론 • 정신건강영역 실습 : 정신건강사회복지론, 정신건강론 • 아동·청소년 분야 실습 : 아동복지론, 학교사회복지론, 청소년복지론 • 노인 분야 실습 : 노인복지론 • 장애인 분야 실습 : 장애인복지론 • 다문화 분야 실습 : 사회복지와 문화다양성 • 여성 분야 실습 : 여성복지론

② 사회복지현장실습 교과목 운영에 대한 사전 오리엔테이션

대학은 사회복지현장실습을 희망하는 실습생의 선이수 교과목 이수 상황, 실습 관련 준비상황 등과 같은 기본적 자격요건을 면밀히 점검하여야 하며, 실습기관 선정 및 배치에 관한 절차에 대해 교육하여 실습생이 해당 내용을 파악한 상태에서 실습이 이뤄질 수 있도록 하여야 한다. 이에, 실습지도교수는 실습예정 학생들을 대상으로 사회복지현장실습 교과목 운영에 대한 사전 오리엔테이션을 실시하며, 사회복지현장실습 교과목 실습세미나의 일환으로 다음과 같은 내용으로 진행할 수 있다.

- **사회복지현장실습 교과목 운영 개요에 대한 설명** : 실습오리엔테이션, 실습기관 선정, 실습기관 방문을 포함하며, 기관에서의 현장실습과 학교에서의 실습세미나가 병행 운영됨을 안내(동계실습 및 1학기 실습-1학기에 수강신청, 하계실습 및 2학기 실습-2학기에 수강신청)
- **선수과목 이수여부 확인** : 학생들이 사회복지 기초과목 및 관심 분야 관련 교과목을 이수했는지 점검
- **현장실습의 중요성 및 필요성에 대한 교육 및 동기 확인** : 학생 자신의 진로계획과 실습교육의 관련성을 고민하고 탐구
- **현장실습에 임하는 실습생에게 요구되는 자세 및 권리보호, 문제상황 시 대처 안내** : 실습기간 중 준수하여야 할 의무와 책임, 권한과 역할의 한계, 실습생으로서의 윤리, 부당한 요구 혹은 권익침해 상황 발생

시 대처방법 등

- 실습기관 선정 과정에 대한 안내 및 추후일정 공지 : 현장실습을 위한 절차-실습 슈퍼바이저, 실습기관, 공문의뢰 절차, 기관선정 방법 등
- 필요서류 구비 여부에 대한 확인 : 실습신청서, 실습생프로파일, 이력서, 자기소개서 등
- 실습희망기관 파악
- 기타 : 개별 대학의 교육과정 특성 및 학생들의 욕구에 따라 필요시 실천 관련 워크숍 운영 등(프로그램 개발과 평가 및 사례관리 등의 선택 교과목이 개설되지 않는 경우 관련 워크숍, 실습일지 작성 및 평가 기록 작성법 등)

③ 실습희망기관에 대한 정보 제공 및 실습기관 선정

- 실습희망기관에 대한 정보 제공

  실습희망기관에 대한 충분한 사전 이해는 실습생이 실습기관을 선택하는 데 있어 가장 중요한 요소이다. 한국사회복지사협회 자격관리센터에 공지되어 있는 '보건복지부장관 선정 기관실습 실시기관' 정보를 중심으로 실습희망기관을 선정하되, 실습지도교수 및 실습담당조교, 선배들 그리고 기관 홈페이지를 통해 해당 기관에 대한 충분한 정보를 수집하도록 지도한다. 또한 대학에서 사전에 접촉하여 개발한 실습기관에 관한 세부 정보(실습기관 소개 파일)를 학생들에게 제공하여 학생들이 실습희망기관을 정하는 데 도움이 되도록 한다.

- 실습기관 선정

  실습생의 실습기관 선정 및 배치의 방식은 다음과 같이 대학 주도의 실습기관 선정, 실습희망자 주도의 실습기관 선정의 두 가지 형태로 운영될 수 있다.

대학 주도의 실습기관 선정	실습희망자 주도의 실습기관 선정
• 대학과 협약된 실습기관에 실습생을 배치할 때 실습 희망자가 해당 실습기관에서 실습을 수행하는 데 적절한지에 대해 종합적으로 평가하여야 함 • 실습기관 배치 시 대학에서는 실습 희망자의 진로 및 적성을 우선적으로 고려하여 배치함으로써 학습자의 학습 요구를 최대한 존중하여야 함 • 실습 희망자가 원하는 분야의 실습기관이 부족하여 학습자의 학습기회가 제한되지 않도록 대학에서는 최선의 노력을 기울여야 함	• 실습희망자가 자율적으로 실습기관을 선정하여 지원하더라도 대학에서는 실습기관이 기관실습에 적합한 요건을 갖추었는지 이중으로 점검하여 학습자가 불이익을 당하지 않도록 노력하여야 함 • 대학에서는 실습 희망자가 자신의 진로와 적성을 고려하여 실습기관에 지원할 수 있도록 충분한 정보를 제공하여야 함 • 실습기관을 지원하는 데 어려움을 겪는 학습자에 대해서는 대학 및 교육기관에서 지원방안을 마련하여야 함

실습기관 선정과정에서 실습지도교수는 실습담당조교와 함께 학생들이 희망하는 실습기관 목록을 취합하여 해당기관들에 실습의뢰 공문을 발송해야 하며, 실습 진행 여부가 확정되면 학생들에게 통보한다. 해당 학생은 실습예정기관에 사전방문 또는 유선접촉을 통해 기관의 실습교육관련 지침과 계획(실습비 금액 및 납부방법, 실습인원, 기자재 사용규정, 사전 준비사항, 실습일정 및 내용) 등을 확인한 뒤 실습을 준비한다.

④ 실습기관별 실습학생 확정 및 통보

대학의 실습지도교수는 실습담당조교와 함께 실습기관에 실습이 확정된 학생명단을 공문으로 발송하고, 실습과정에 필요한 협조를 구한 뒤 현장실습과 관련된 준비를 완료한다.

⑤ 학생별 실습 목표 수립

실습기관이 확정된 후, 학생은 현장실습 관련 문서를 준비한다. 현장실습 관련 문서에는 실습생 프로파일, 자기소개서, 이력서, 실습계획서, 실습평가서 등이 포함된다. 실습계획서 작성 시 학생은 스스로 실습목표를 수립하도록 한다. 실습목표는 실습의 필수내용과 학생이 희망하는 실습내용을 고려하고 실습기관의 특성과 상황을 반영하여 수립하고 실습지도교수의 지도・감독을 받아 수정・보완한다. 실습지도교수는 학생이 실습을 통해 배우고 싶은 것을 명확히 표현, 기술하도록 지도한다.

⑥ 현장실습 관련 사전교육

실습에 대한 모든 준비가 완료되었으면, 실습지도교수는 현장실습의 목표와 의의, 실습생으로의 바람직한 자세와 태도, 권리보호 및 문제상황 시 대처, 실습기관에서 작성해야 하는 실습일지, 사례기록, 기타 문서작성에 대한 사전교육을 한다. 또한 실습생 프로파일 등 실습생이 개인적으로 준비해야 할 서류 준비상황 및 내용을 점검하여 학생들이 미리 준비된 상태에서 실습에 임하도록 한다. 사전교육 과정은 사회복지현장실습 교과목 실습세미나의 일환으로 사회복지현장실습 교과목 운영에 대한 사전 오리엔테이션 등을 통하여 연속성 있게 진행될 수 있다.

(2) 현장에서의 실습지도

① 실습과제

실습과제는 기관의 유형과 특성에 따라, 학생의 교육수준(학부・대학원)과 경험(자원봉사경험, 실습경험, 직장경험 등)에 따라 다양하게 제시할 수 있도록 안내할 수 있다. 단, 학생들이 학교에서 배운 사회복지의 전문적 가치 및 윤리, 지식, 그리고 사회복지실천 내용들(개인개입, 집단개입, 가족개입, 지역사회개입, 거시체계개입 등)과 관련된 과제가 포함되도록 한다. 또한 조사연구기관 및 정책기관(예 국회) 등 전통적인 사회복지기관 외의 다양한 분야의 실습현장에서는 해당 기관의 특성을 반영하되 상기 실습내용 수행에 필요한 정도의 노력을 요하는 사회복지 실습과제를 개발하여 제시할 수 있도록 한다.

② 실습슈퍼비전

실습지도자는 다음의 내용을 포함한 정기적인 슈퍼비전이 진행될 수 있도록 안내한다.

- 실습기관 및 실습내용에 대한 전반적인 오리엔테이션 및 교육을 실시한다.
  - 실습기관 소개
  - 실습의 의미, 의의 및 목표 수립
  - 실습생의 자세 및 태도
  - 사례기록 작성 방법
  - 실습일지를 포함한 각종 보고서 작성 방법
- 실습내용에 대한 직접적인 슈퍼비전을 실시한다.
  - 실습일지를 정기적으로 점검하고 피드백을 준다.
  - 실습과정에서 작성하게 되는 사례기록, 집단활동기록, 지역사회분석, 조직분석 등에 대한 슈퍼비전을 준다.
  - 그 외의 사항에 대해 정기적인 슈퍼비전 시간을 가진다.

(3) 대학에서의 실습세미나

① 실습세미나 시간 및 횟수

대학에서는 실습지도교수가 1회당 2시간 이상의 실습세미나를 총 15회 이상 실시하여야 한다. 이 경우 정보통신망을 이용한 온라인 교육을 실시하는 교육기관의 실습세미나에는 대면 방식의 세미나가 총 3회 이상 포함되어야 한다.

② 실습기관 접촉 및 실습상황 검토

대학의 실습지도교수는 다음의 목적을 위해 최소 1회 이상 실습기관에 대한 방문(학과 방침에 따라 학과 교수의 실습기관 방문도 가능)과 더불어 유무선의 접촉을 통해 실습지도자와 유기적인 교류를 하며, 실습기관과 긴밀한 관계를 유지한다.

- 실습지도자와 학생별 실습목표를 협의하기 위해
- 학생의 실습목표 성취 정도와 실습상황을 검토하기 위해
- 실습 관련 문제 발생을 예방하거나 문제 상황을 중재하기 위해

③ 실습보고서 지도를 통한 슈퍼비전 제공

- **실습보고서 제출** : 실습생은 실습일지, 사례기록, 집단지도 보고서 등 각종 보고서를 작성하여 실습기관 실습지도자의 확인을 받은 후 대학의 실습지도교수에게 제출한다.
- **실습지도교수의 슈퍼비전** : 실습지도교수는 실습보고서를 기반으로 해당 학생과 개별 또는 집단 면담을 통해 슈퍼비전을 제공한다. 실습 시 문제 상황이 발생하거나 학생에 대한 옹호가 필요할 경우, 실습지도자와 협의하여 문제점을 해결한다.
- 실습내용과 관련된 참고문헌을 소개하여 학생 스스로 활용할 수 있도록 한다.

④ 실습세미나 수업을 통한 슈퍼비전 제공

- 실습과정에서 드러난 학생의 강점과 약점을 점검하고, 사회복지사로서의 역량을 강화할 수 있도록 지도한다.
- 현장에서의 경험, 즉 사회복지실천방법 및 기술을 정리하여 학교에서 배운 지식과 통합할 수 있도록 지도한다.
- 실습현장에서 직·간접적으로 경험한 사회복지실천과정이 다양한 클라이언트 체계에 미치는 영향에 대해 탐색하도록 지도한다.
- 사회복지조직으로서의 실습기관의 조직, 정책, 행정적 절차 및 기능과 역할에 대해 이해하도록 지도한다.
- 기관이 속한 지역사회 욕구를 파악하고 이를 기반으로 서비스를 수행하고 있는지에 대해 분석, 평가할 수 있도록 지도하고 지역사회기관 간의 연계활동에 대해 이해할 수 있도록 지도한다.

- 실습내용을 사회복지정책, 사회복지법규 및 제도와 연계하여 이해하도록 지도한다.
- 사회복지실천현장에서 직면하는 윤리적 딜레마에 대한 토의를 통해 대안을 도출할 수 있도록 지도한다.
- 사회복지사로서의 전문적 자아 인식 및 전문적 정체성을 수립할 수 있도록 지도한다.
- 실습생이 자신의 실습과정에 대한 자기반성적 고찰을 통해 반영적 실천을 경험하도록 지도한다.

(4) 실습평가

① **평가 시기**

- **학기 중 실습 시 평가** : 중간, 학기말
- **방학 중 실습 시 평가** : 실습기간 중 중반기, 실습기간 중 종결시기

② **평가 주체** : 학생, 기관의 실습지도자, 대학의 실습지도교수 등 3자 공동

③ **성적** : 기관실습 종료 후 기관의 실습지도자가 부여한 평가점수와 실습지도교수가 부여한 평가점수를 합산하여 대학의 실습지도교수가 최종 성적을 부여한다.

사회복지현장실습세미나 토론 주제 1	'나는 왜 사회복지사가 되려고 하는가?'

• 진행방법
- 팀 구성 : 팀은 다양한 방식으로 구성할 수 있다. 참여한 기관의 종류에 따라 나누는 것도 하나의 방법이다(예 종합복지관, 아동기관, 노인기관 등).
- 먼저 팀원 각자가 **자신이 왜 사회복지사가 되려고 하는지, 사회복지직을 통해 이루고자 하는 비전이 무엇인지** 생각하고 그 내용을 정리하여 적는다.
- 팀 전원이 돌아가며 자신이 정리한 생각을 발표하고, 의견을 나눈다.
- 팀원 중 한명이 이를 정리하여 팀별로 전체 학생을 대상으로 발표한다.
- 실습지도교수가 학생들의 발표를 듣고 격려・지지한다.

① 나는 왜 사회복지사가 되려고 하는가?

② 내가 사회복지사직을 통해 이루고 싶은 비전은 무엇인가?

02 CHAPTER 사회복지현장실습의 과정

사회복지현장실습은 실천학문으로 사회복지학의 역사와 함께 하는 필수적인 교육과정이며, 대학에서 제공하는 교과과정이면서도 사회복지실천현장에서 이루어지는 것을 기본으로 하고 있다. 이런 특성으로 인해 학계와 현장이 함께 책임을 져야 하는 특수한 교과목이다(한국사회복지사협회, 2005).

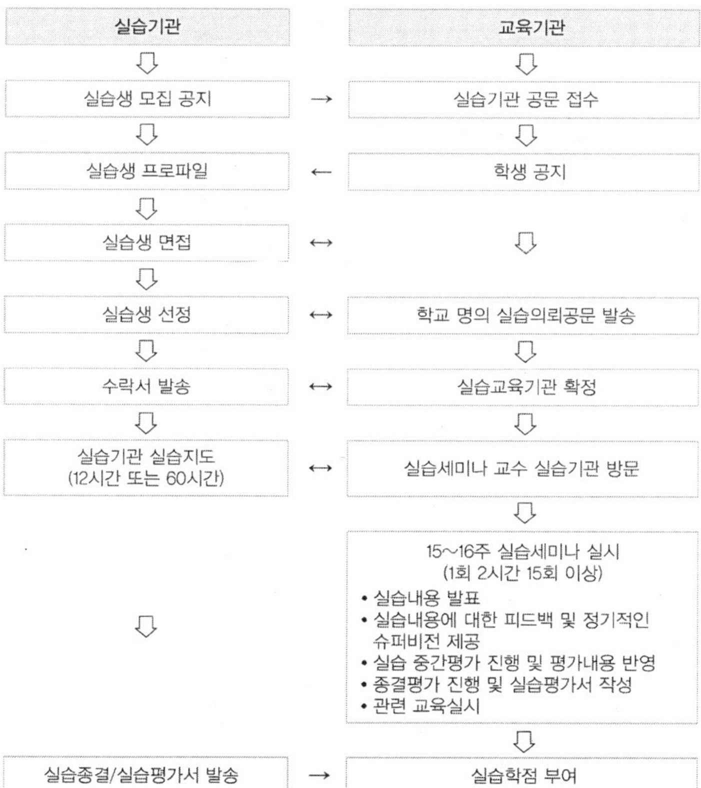

※ 온라인 교육을 실시하는 교육기관의 실습세미나에는 대면 방식의 세미나가 총 3회 이상 포함되어야 하며, 이때 대면방식의 세미나는 주 1회를 초과하여 실시할 수 없음

▌그림 2-1▐ 사회복지현장실습 진행절차

출처 : 한국사회복지사협회(2021). 2021년 사회복지사 자격관리 지침.

1. 사회복지현장실습 전 단계

본격적인 실습에 앞서 자신의 관심 분야에 합당한 실습기관을 선정한 후 실습신청서와 실습생 프로파일을 제출하고 면접을 본 후 실습생으로 선정되는 단계이다. 이 단계에서는 무엇보다 자신의 관심 분야를 먼저 파악하고 관련 실습기관들을 탐색·분석하여 적절한 사회복지현장실습이 이루어질 수 있는 출발점을 마련하여야 한다.

1) 실습기관

(1) 실습기관 선정

사회복지현장실습 과정의 첫 단계는 현장실습 분야 및 기관을 선정하는 것이다. 이 단계에서는 무엇보다 자신의 관심 분야를 스스로 탐색하여 실습의 목적과 상황에 적합한 실습기관을 선정하는 것이 중요하다.

자신의 관심 분야를 스스로 파악하고 실습 기관을 선택하는 데 다음의 질문을 기준으로 점검해 볼 수 있다(Berg-Weger et al., 2007, 석말숙 외, 2022 재인용).

① 내가 관심을 가지는 클라이언트 체계(개인, 가족, 집단, 지역사회, 조직 등)는 무엇인가?

② 내가 관심을 가지는 클라이언트 유형(아동, 노인, 미혼모 등)은 무엇인가?

③ 내가 관심을 가지는 클라이언트의 문제유형(노숙, 정신건강, 아동학대와 방임, 문제 청소년 등)은 무엇인가?

④ 내가 선호하는 실천현장의 유형(대학, 지역사회정신건강센터, 지역사회복지관, 지역사회운동단체, 시민운동단체 등)은 무엇인가?

⑤ 내가 실습경험의 결과로 얻기를 원하는 기술은 무엇인가?

⑥ 내가 졸업 후에 종사하겠다고 생각해 본 영역은 무엇인가?

실습기관 선정 준비 과정에서 자신의 사회복지 전공선택 이유와 그간 사회복지 교과목의 학습 경험, 다양한 봉사활동 경험, 그 외 개인적인 경험 등을 고려하여 자신의 관심 영역을 다시 한번 정리·확인해 볼 수 있다.

(2) 실습기관 범주

사회복지실습 기관의 범주는 사회복지사업법 제3조에 명시된 바와 같이 보건복지부장관이 사회복지현장실습의 기관실습을 실시할 수 있는 기관, 법인, 시설 또는 단체를 매년 1회 이상 선정하여 공고한 기관이 그 대상이 된다. 사회복지현장실습 기관의 범주는 다음과 같다(한국사회복지사협회, 2017).

- 사회복지사업법에 따른 사회복지법인·사회복지시설
- 사회복지사업과 관련된 기관 및 단체
  - 사단법인·재단법인 : 관청의 허가를 받은 단체로 사회복지사업을 목적으로 하는 비영리 단체('사회복지사업'이란 사회복지사업법에 명시된 '정의'를 말함)
- 공공기관 : 자원봉사센터 등
- 사회복지서비스를 제공하는 병원, 상담소, 학교, 교정기관, 시민사회단체 등

* 관할 관청의 인·허가를 받은 상태 또는 신고 된 상태여야 함. 설치 뒤 1년이 지나지 않은 경우 등록 불가, 심사 시 정관, 실습계획서 등 추가 서류를 요청할 수 있음

※ 실습기관은 반드시 법적 기준에 따른 실습지도자가 있어야 함

(3) 실습기관의 기본 여건

실습기관 탐색 및 선정 시 고려해야 할 실습기관의 기본 여건은 다음과 같다(임정문 외, 2021).

① 사회복지전문직의 윤리와 가치에 부합되는 사회복지기관이어야 한다.
② 기관이 위치한 지역사회 안에서 전문성을 가지고 본연의 역할을 수행하고 있다는 평판을 받고 있어야 한다.
③ 기관의 실무자들은 사회복지 전문교육을 받은 자로서 전문교육에 대한 존중과 이해를 하고 있어야 한다.
④ 실습생에 의존하지 않고도 기관의 기본적인 프로그램을 개발・운영할 수 있는 직원 규모를 갖추고 있어야 한다.
⑤ 실습 프로그램은 기관의 주요 업무 범위 안에서 부서적인 업무에만 국한되지 않게 구성되어야 한다.
⑥ 실습내용은 실습교육 목적에 부합되어야 하며, 가능한 한 실습생의 학습단계에 맞는 것이어야 한다. 이를 위해 기관의 실습교육계획은 실습 전에 학교에 알려야 한다.
⑦ 실습생의 교육욕구에 적합한 과제를 지속적으로 제공할 수 있어야 하며, 이에 대한 지도・감독을 수행할 수 있어야 한다. 실습업무는 다양한 집단, 문제를 경험할 수 있는 것이어야 하며, 다양한 서비스 제공의 기회를 접할 수 있는 것이어야 한다.
⑧ 실습지도자에게 실습지도와 감독에 필요한 시간을 할당할 수 있는 기관이어야 한다.

(4) 사회복지현장실습 기관의 종류

사회복지현장에 대한 이해는 현장실습을 위해 기관을 탐색할 때 중요한 정보가 될 것이다. 사회복지현장실습이 주로 이루어지는 사회복지시설은 사회복지사업법 제2조에 따라 '사회복지사업을 할 목적으로 설치된 시설'을 의미한다. 사회복지현장실습의 장인 사회복지실천현장은 사회복지사가 직접 활동하는 장소이며 물리적 장소의 개념과 함께 대상별 분야(아동, 노인, 여성 등)나 문제영역별 분야(학교, 정신건강, 교정, 의료 등)를 포함하는 개념이다.

사회복지실천현장은 기관의 설립 주체 및 재원조달 방식에 따라 공공기관과 민간기관으로, 주거서비스 제공 여부에 따라 생활시설과 이용시설로 분류되며, 기관의 기능 및 목적에 따라 사회복지사들을 중심으로 클라이언트를 위한 사회복지 서비스를 제공하는 일차현장(primary settings)과, 사회복지사가 속한 기관의 고유목적이 따로 존재하며 이를 달성하기 위해 해당 분야의 다른 전문가들과 협력하면서 사회복지 서비스를 제공하는 이차현장(secondary settings)으로 나누어 볼 수 있다. 일차현장의 대표적인 예로 사회복지관, 재가노인복지시설, 지역아동센터, 장애인지역사회재활시설 등이 있으며, 이차현장의 예로는 학교, 병원, 교정기관, 산업현장, 군대 등이 있다(박지영 외, 2014; 석말숙 외, 2022).

사회복지현장실습이 주로 이루어지는 기관으로는 사회복지관, 노인복지시설, 아동복지시설, 장애인복지시설, 한부모가족복지시설 등이 있다.

〈표 2-1〉 사회복지시설의 종류

<table>
<tr><th rowspan="2">소관
부처</th><th rowspan="2">시설종류</th><th colspan="2">세부종류</th></tr>
<tr><th>생활시설</th><th>이용시설</th></tr>
<tr><td rowspan="4">보건
복지부</td><td>노인복지시설</td><td>• 노인주거복지시설
• 노인의료복지시설
• 학대피해노인전용쉼터</td><td>• 재가노인복지시설
• 노인여가복지시설
• 노인보호전문기관
• 노인일자리지원기관</td></tr>
<tr><td>복합노인복지시설</td><td colspan="2">• 농어촌 지역에 한해 노인복지법 제31조 노인복지시설을 종합적으로 배치한 복합노인복지시설을 설치 · 운영 가능</td></tr>
<tr><td>아동복지시설</td><td>• 아동양육시설
• 아동일시보호시설
• 아동보호치료시설
• 자립지원시설
• 공동생활가정</td><td>• 아동상담소
• 아동전용시설
• 지역아동센터
• 아동보호전문기관
• 가정위탁지원센터</td></tr>
<tr><td>장애인복지시설</td><td>• 장애유형별 거주시설
• 중증장애인 거주시설
• 장애영유아 거주시설
• 장애인단기 거주시설
• 장애인공동생활가정
• 피해장애인쉼터</td><td>• 장애인지역사회재활시설
• 장애인직업재활시설
• 장애인의료재활시설
• 장애인생산품판매시설</td></tr>
</table>

	어린이집		• 어린이집
	정신보건시설	• 정신요양시설 • 정신재활시설 중 생활시설	• 정신재활시설 중 이용시설
	노숙인시설	• 노숙인자활시설 • 노숙인재활시설 • 노숙인요양시설	• 노숙인종합지원센터 • 노숙인일시보호시설 • 노숙인급식시설 • 노숙인진료시설 • 쪽방상담소
	사회복지관		• 사회복지관
	지역자활센터		• 지역자활센터
	다함께돌봄센터		• 다함께돌봄센터
질병관리청	결핵 · 한센시설	• 결핵 · 한센시설	
여성가족부	성매매피해지원시설	• 일반지원시설 • 청소년지원시설 • 외국인지원시설 • 자립지원공동생활시설	• 자활지원센터 • 성매매피해상담소
	성폭력피해보호시설	• 성폭력피해자보호시설	• 성폭력피해상담소
	가정폭력보호시설	• 가정폭력피해자보호시설	• 가정폭력상담소 • 긴급전화센터
	한부모가족복지시설	• 모자가족복지시설(기본, 공동, 자립) • 부자가족복지시설(기본, 공동, 자립) • 미혼모자가족복지시설(기본, 공동) • 일시지원복지시설	• 한부모가족복지상담소
	다문화가족지원센터		• 다문화가족지원센터
	건강가정지원센터		• 건강가정지원센터
	청소년복지시설	• 청소년쉼터 • 청소년자립지원관 • 청소년치료재활센터 • 청소년회복지원시설	

출처 : 보건복지부(2022). 2022 사회복지시설 관리 안내 재구성.

① 사회복지관

사회복지관은 지역사회를 기반으로 일정한 시설과 전문 인력을 갖추고 지역주민의 참여와 협력을 통하여 지역사회복지문제를 예방하고 해결하기 위하여 종합적인 복지서비스를 제공하는 시설을 말하며, 여기서 지역사회복지란 주민의 복지증진과 삶의 질 향상을 위하여 지역사회 차원에서 전개하는 사회복지를 말한다.

사회복지관은 사회복지서비스 욕구를 가지고 있는 모든 지역사회주민을 대상으로 보호서비스, 재가복지서비스, 자립능력 배양을 위한 교육훈련 등 그들이 필요로 하는 복지서비스를 제공하고, 가족기능 강화 및 주민상호 간 연대감 조성을 통한 각종 지역사회문제를 예방・치료하는 종합적인 복지서비스 전달기구로서 지역사회 주민의 복지증진을 위한 중심적 역할을 수행하여야 한다. 사회복지관 운영의 기본 원칙은 다음과 같다(보건복지부, 2022).

- **지역성의 원칙** : 사회복지관은 지역사회의 특성과 지역주민의 문제나 욕구를 신속하게 파악하여 지역사회의 문제를 해결하기 위한 사업계획을 수립하고 이에 따른 서비스를 제공하여야 하며, 지역주민의 적극적 참여를 유도하여 주민의 능동적 역할과 책임의식을 조성하여야 한다.
- **전문성의 원칙** : 사회복지관은 다양한 지역사회문제에 대처하기 위해 일반적 프로그램과 특정한 문제를 해결할 수 있는 전문적 프로그램이 병행될 수 있도록 지식과 기술을 보유한 전문인력이 사업을 수행하도록 하고, 이들 인력에 대한 지속적인 재교육 등을 통해 전문성을 증진하도록 하여야 한다.
- **책임성의 원칙** : 사회복지관은 서비스 이용자의 욕구를 충족하고 지역사회문제를 해결함에 있어서 효과성을 극대화하기 위하여 최선의 노력을 기울여야 한다.
- **자율성의 원칙** : 사회복지관은 다양한 복지서비스를 효율적으로 제공하기 위하여 사회복지관의 능력과 전문성이 최대한 발휘될 수 있도록 자율적으로 운영하여야 한다.
- **통합성의 원칙** : 사회복지관은 사업을 수행함에 있어 지역 내 공공

및 민간복지기관 간에 연계성과 통합성을 강화시켜 지역사회복지 체계가 효율적이고 효과적으로 운영되도록 하여야 한다.

- **자원활용의 원칙** : 사회복지관은 주민 욕구의 다양성에 따라 다양한 기능인력과 재원을 필요로 하므로 지역사회 내의 복지자원을 최대한 동원·활용하여야 한다.
- **중립성의 원칙** : 사회복지관은 정치활동, 영리활동, 특정 종교활동 등에 이용되지 않게 중립성이 유지되어야 한다.
- **투명성의 원칙** : 사회복지관은 자원을 효율적으로 이용하고 운영과정의 투명성을 유지하여야 한다.

〈표 2-2〉 사회복지관의 사업(사회복지사업법 시행규칙 제23조의2 제1항 관련 별표3)

기능	사업 분야	사업 및 내용
사례 관리기능	사례발굴	지역 내 보호가 필요한 대상자 및 위기 개입대상자를 발굴하여 개입계획 수립
	사례개입	지역 내 보호가 필요한 대상자 및 위기 개입대상자의 문제와 욕구에 대한 맞춤형 서비스가 제공될 수 있도록 사례개입
	서비스연계	사례개입에 필요한 지역 내 민간 및 공공의 가용자원과 서비스에 대한 정보 제공 및 연계, 의뢰
서비스 제공기능	가족기능강화	1. 가족관계증진사업 : 가족원 간의 의사소통을 원활히 하고 각자의 역할을 수행함으로써 이상적인 가족관계를 유지함과 동시에 가족의 능력을 개발·강화하는 사업 2. 가족기능보완사업 : 사회구조 변화로 부족한 가족기능, 특히 부모의 역할을 보완하기 위하여 주로 아동·청소년을 대상으로 실시되는 사업 3. 가정문제해결·치료사업 : 문제가 발생한 가족에 대한 진단·치료·사회복귀 지원사업 4. 부양가족지원사업 : 보호대상 가족을 돌보는 가족원의 부양부담을 줄여주고 관련 정보를 공유하는 등 부양가족 대상 지원사업 5. 다문화가정, 북한이탈주민 등 지역 내 이용자 특성을 반영한 사업
	지역사회보호	1. 급식서비스 : 지역사회에 거주하는 요보호 노인이나 결식아동 등을 위한 식사제공 서비스 2. 보건의료서비스 : 노인, 장애인, 저소득층 등 재가복지사업대상자들을 위한 보건·의료 관련 서비스 3. 경제적 지원 : 경제적으로 어려운 지역사회 주민들을 대상으로 생활에 필요한 현금 및 물품 등을 지원하는 사업

		4. 일상생활 지원 : 독립적인 생활능력이 떨어지는 요보호 대상자들이 시설이 아닌 지역사회에 거주하기 위해서 필요한 기초적인 일상생활 지원서비스 5. 정서서비스 : 지역사회에 거주하는 독거노인이나 소년소녀가장 등 부양가족이 없는 요보호 대상자들을 위한 비물질적인 지원 서비스 6. 일시보호서비스 : 독립적인 생활이 불가능한 노인이나 장애인 또는 일시적인 보호가 필요한 실직자·노숙자 등을 위한 보호서비스 7. 재가복지봉사서비스 : 가정에서 보호를 요하는 장애인, 노인, 소년·소녀가정, 한부모가족 등 가족기능이 취약한 저소득 소외계층과 국가유공자, 지역사회 내에서 재가복지봉사서비스를 원하는 사람에게 다양한 서비스 제공
	교육문화	1. 아동·청소년 사회교육 : 주거환경이 열악하여 가정에서 학습하기 곤란하거나 경제적 이유 등으로 학원 등 다른 기관의 활용이 어려운 아동·청소년에게 필요한 경우 학습 내용 등에 대하여 지도하거나 각종 기능 교육 2. 성인기능교실 : 기능습득을 목적으로 하는 성인사회교육사업 3. 노인 여가·문화 : 노인을 대상으로 제공되는 각종 사회교육 및 취미교실운영사업 4. 문화복지사업 : 일반주민을 위한 여가·오락 프로그램, 문화 소외집단을 위한 문화 프로그램, 그 밖에 각종 지역문화행사사업
	자활지원 등 기타	1. 직업기능훈련 : 저소득층의 자립능력배양과 가계소득에 기여할 수 있는 기능훈련을 실시하여 창업 또는 취업을 지원하는 사업 2. 취업알선 : 직업훈련 이수자 기타 취업희망자들을 대상으로 취업에 관한 정보제공 및 알선사업 3. 직업능력개발 : 근로의욕 및 동기가 낮은 주민의 취업욕구 증대와 재취업을 위한 심리·사회적인 지원 프로그램 실시사업 4. 그 밖의 특화사업
지역 조직화 기능	복지네트워크 구축	지역 내 복지기관·시설들과 네트워크를 구축함으로써 복지서비스 공급의 효율성을 제고하고, 사회복지관이 지역복지의 중심으로서의 역할을 강화하는 사업 - 지역사회연계사업, 지역욕구조사, 실습지도
	주민조직화	주민이 지역사회 문제에 스스로 참여하고 공동체 의식을 갖도록 주민조직의 육성을 지원하고, 이러한 주민협력강화에 필요한 주민의식을 높이기 위한 교육을 실시하는 사업 - 주민복지증진사업, 주민조직화사업, 주민교육
	자원 개발 및 관리	지역주민의 다양한 욕구 충족 및 문제해결을 위해 필요한 인력, 재원 등을 발굴하여 연계 및 지원하는 사업 - 자원봉사자 개발·관리, 후원자 개발·관리

② 노인복지시설

노인복지시설은 노인의 복지증진을 위하여 설치·운영되는 시설을 말한다. 노인복지법에 명시된 노인복지시설은 2022년 기준 노인주거복지시설, 노인의료복지시설, 노인여가복지시설, 재가노인복지시설, 노인보호전문기관, 노인일자리지원기관, 학대피해노인 전용쉼터 등이 있다.

〈표 2-3〉 노인복지시설의 종류

종류	시 설	사업 및 내용
노인주거 복지시설	양로시설	노인을 입소시켜 급식과 그 밖에 일상생활에 필요한 편의를 제공함을 목적으로 하는 시설
	노인공동생활가정	노인들에게 가정과 같은 주거여건과 급식, 그 밖에 일상생활에 필요한 편의를 제공함을 목적으로 하는 시설
	노인복지주택	노인에게 주거시설을 임대하여 주거의 편의·생활지도·상담 및 안전관리 등 일상생활에 필요한 편의를 제공함을 목적으로 하는 시설
노인의료 복지시설	노인요양시설	치매·중풍 등 노인성질환 등으로 심신에 상당한 장애가 발생하여 도움을 필요로 하는 노인을 입소시켜 급식·요양과 그 밖에 일상생활에 필요한 편의를 제공함을 목적으로 하는 시설
	노인요양공동생활가정	치매·중풍 등 노인성질환 등으로 심신에 상당한 장애가 발생하여 도움을 필요로 하는 노인에게 가정과 같은 주거여건과 급식·요양, 그 밖에 일상생활에 필요한 편의를 제공함을 목적으로 하는 시설
노인여가 복지시설	노인복지관	노인의 교양·취미생활 및 사회참여활동 등에 대한 각종 정보와 서비스를 제공하고, 건강증진 및 질병예방과 소득보장·재가복지, 그 밖에 노인의 복지증진에 필요한 서비스를 제공함을 목적으로 하는 시설
	경로당	지역노인들이 자율적으로 친목도모·취미활동·공동작업장 운영 및 각종 정보교환과 기타 여가활동을 할 수 있도록 하는 장소를 제공함을 목적으로 하는 시설
	노인교실	노인들에 대하여 사회활동 참여욕구를 충족시키기 위하여 건전한 취미생활·노인건강유지·소득보장 기타 일상생활과 관련한 학습 프로그램을 제공함을 목적으로 하는 시설

재가노인 복지시설	방문요양서비스	가정에서 일상생활을 영위하고 있는 노인(이하 "재가노인"이라 한다)으로서 신체적·정신적 장애로 어려움을 겪고 있는 노인에게 필요한 각종 편의를 제공하여 지역사회 안에서 건전하고 안정된 노후를 영위하도록 하는 서비스
	주·야간보호 서비스	부득이한 사유로 가족의 보호를 받을 수 없는 심신이 허약한 노인과 장애노인을 주간 또는 야간 동안 보호시설에 입소시켜 필요한 각종 편의를 제공하여 이들의 생활안정과 심신기능의 유지·향상을 도모하고, 그 가족의 신체적·정신적 부담을 덜어주기 위한 서비스
	단기보호서비스	부득이한 사유로 가족의 보호를 받을 수 없어 일시적으로 보호가 필요한 심신이 허약한 노인과 장애노인을 보호시설에 단기간 입소시켜 보호함으로써 노인 및 노인가정의 복지증진을 도모하기 위한 서비스
	방문목욕서비스	목욕장비를 갖추고 재가노인을 방문하여 목욕을 제공하는 서비스
노인보호 전문기관	중앙노인보호 전문기관	지역 간의 연계체계를 구축하고 노인학대를 예방하기 위하여 다음의 업무를 담당 1. 노인인권보호 관련 정책제안 2. 노인인권보호를 위한 연구 및 프로그램의 개발 3. 노인학대 예방의 홍보, 교육자료의 제작 및 보급 4. 노인보호전문사업 관련 실적 취합, 관리 및 대외자료 제공 5. 지역노인보호전문기관의 관리 및 업무지원 6. 지역노인보호전문기관 상담원의 심화교육 7. 관련 기관 협력체계의 구축 및 교류 8. 노인학대 분쟁사례 조정을 위한 중앙노인학대사례판정위원회 운영
	지역노인보호 전문기관	학대받는 노인의 발견·보호·치료 등을 신속히 처리하고 노인학대를 예방하기 위하여 다음의 업무를 담당하는 지역노인보호전문기관을 특별시·광역시·도·특별자치도에 둠 1. 노인학대 신고전화의 운영 및 사례접수 2. 노인학대 의심사례에 대한 현장조사 3. 피해노인 및 노인학대자에 대한 상담 3의2. 피해노인에 대한 법률 지원의 요청 4. 피해노인가족 관련자와 관련 기관에 대한 상담 5. 상담 및 서비스제공에 따른 기록과 보관 6. 일반인을 대상으로 한 노인학대 예방교육 7. 노인학대행위자를 대상으로 한 재발방지 교육 8. 노인학대사례 판정을 위한 지역노인학대사례판정위원회 운영 및 자체사례회의 운영

노인일자리 지원기관	노인인력 개발기관	노인일자리개발・보급사업, 조사사업, 교육・홍보 및 협력사업, 프로그램인증・평가사업 등을 지원하는 기관
	노인일자리 지원기관	지역사회 등에서 노인일자리의 개발・지원, 창업・육성 및 노인에 의한 재화의 생산・판매 등을 직접 담당하는 기관
	노인취업알선기관	노인에게 취업 상담 및 정보를 제공하거나 노인일자리를 알선하는 기관
학대피해 노인전용 쉼터	학대피해노인 전용쉼터	1. 학대피해노인의 보호와 숙식제공 등의 쉼터생활 지원 2. 학대피해노인의 심리적 안정을 위한 전문심리상담 등 치유프로그램 제공 2의2. 노인학대행위자에 대한 고소・고발 등 법률적 사항의 자문을 위한 대한변호사협회, 지방변호사회 또는 법률구조법에 따른 법률구조법인 등에 대한 협조 및 지원 요청 3. 학대피해노인에게 학대로 인한 신체적, 정신적 치료를 위한 기본적인 의료비 지원 4. 학대 재발 방지와 원가정 회복을 위하여 노인학대행위자 등에게 전문상담서비스 제공 5. 그 밖에 쉼터에 입소하거나 쉼터를 이용하는 학대피해노인을 위하여 보건복지부령으로 정하는 사항

③ 아동복지시설

아동복지법에 따르면 아동복지시설은 아동이 건강하게 출생하여 행복하고 안전하게 자랄 수 있도록 아동의 복지를 보장하는 것을 목적(아동복지법 제1조)으로, 국가 또는 지방자치단체 또는 그 외 시장・군수・구청장에게 신고하여 설치한 시설(아동복지법 제50조)을 말한다.

〈표 2-4〉 아동복지시설의 종류(아동복지법 제52조)

시설의 종류	사업 및 내용
아동양육시설	보호대상아동을 입소시켜 보호, 양육 및 취업훈련, 자립지원 서비스 등을 제공하는 것을 목적으로 하는 시설
아동일시 보호시설	보호대상아동을 일시보호하고 아동에 대한 향후의 양육대책수립 및 보호조치를 행하는 것을 목적으로 하는 시설
아동보호 치료시설	아동에게 보호 및 치료 서비스를 제공하는 다음 시설 가. 불량행위를 하거나 불량행위를 할 우려가 있는 아동으로서 보호자가 없거나 친권자나 후견인이 입소를 신청한 아동 또는 가정법원, 지방법원소년부지원에서 보호위탁된 19세 미만인 사람을 입소시켜 치료와 선도를 통하여 건전한 사회인으로 육성하는 것을 목적으로 하는 시설

	나. 정서적·행동적 장애로 인하여 어려움을 겪고 있는 아동 또는 학대로 인하여 부모로부터 일시 격리되어 치료받을 필요가 있는 아동을 보호·치료하는 시설
공동생활 가정	보호대상아동에게 가정과 같은 주거여건과 보호, 양육, 자립지원 서비스를 제공하는 것을 목적으로 하는 시설
자립지원 시설	아동복지시설에서 퇴소한 사람에게 취업준비기간 또는 취업 후 일정 기간 동안 보호함으로써 자립을 지원하는 것을 목적으로 하는 시설
자립지원 전담기관	국가와 지방자치단체가 보호대상아동의 위탁보호 종료 또는 아동복지시설 퇴소 이후의 자립을 지원하기 위하여 자립지원전담기관을 설치·운영
아동상담소	아동과 그 가족의 문제에 관한 상담, 치료, 예방 및 연구 등을 목적으로 하는 시설
아동전용 시설	어린이공원, 어린이놀이터, 아동회관, 체육·연극·영화·과학실험전시 시설, 아동휴게숙박시설, 야영장 등 아동에게 건전한 놀이·오락, 그 밖의 각종 편의를 제공하여 심신의 건강유지와 복지증진에 필요한 서비스를 제공하는 것을 목적으로 하는 시설
지역아동 센터	지역사회 아동의 보호·교육, 건전한 놀이와 오락의 제공, 보호자와 지역사회의 연계 등 아동의 건전육성을 위하여 종합적인 아동복지서비스를 제공하는 시설
아동보호 전문기관	지방자치단체는 다음의 학대받은 아동의 치료, 아동학대의 재발 방지 등 사례관리 및 아동학대예방을 담당하는 아동보호전문기관을 시·도 및 시·군·구에 1개소 이상 두어야 함 1. 피해아동, 피해아동의 가족 및 아동학대행위자를 위한 상담·치료 및 교육 2. 아동학대예방 교육 및 홍보 3. 피해아동 가정의 사후관리
가정위탁 지원센터	지방자치단체는 보호대상아동에 대한 가정위탁사업을 활성화하기 위하여 시·도 및 시·군·구에 가정위탁지원센터를 둔다.
아동권리 보장원	보건복지부장관은 아동정책에 대한 종합적인 수행과 아동복지 관련 사업의 효과적인 추진을 위하여 필요한 정책의 수립을 지원하고 사업평가 등의 업무를 수행할 수 있도록 아동권리보장원을 설립한다. 1. 아동정책 수립을 위한 자료 개발 및 정책 분석 2. 아동정책기본계획 수립 및 시행계획 평가 지원 3. 아동정책조정위원회 운영 지원 4. 아동정책영향평가 지원 5. 아동보호서비스에 대한 기술지원 6. 아동학대의 예방과 방지를 위한 업무 7. 가정위탁사업 활성화 등을 위한 업무 8. 지역 아동복지사업 및 아동복지시설의 원활한 운영을 위한 지원 9. 입양특례법에 따른 국내입양 활성화 및 입양 사후관리를 위한 다음의 업무 가. 국내외 입양정책 및 서비스에 관한 조사·연구 나. 입양 관련 국제협력 업무

	다. 그 밖에 입양특례법에 따라 보건복지부장관으로부터 위탁받은 업무 10. 아동 관련 조사 및 통계 구축 11. 아동 관련 교육 및 홍보 12. 아동 관련 해외정책 조사 및 사례분석

④ 장애인복지시설

장애인복지시설은 장애인의 기능회복과 사회적 향상 도모를 목적으로 설치된 시설을 말한다(장애인복지법 제57조).

〈표 2-5〉 장애인복지시설의 종류

시설의 종류	사업 및 내용
장애인 거주시설	거주공간을 활용하여 일반가정에서 생활하기 어려운 장애인에게 일정 기간 동안 거주·요양·지원 등의 서비스를 제공하는 동시에 지역사회생활을 지원하는 시설
장애인 지역사회재활 시설	장애인을 전문적으로 상담·치료·훈련하거나 장애인의 일상생활, 여가활동 및 사회참여활동 등을 지원하는 시설
장애인 직업재활시설	일반 작업환경에서는 일하기 어려운 장애인이 특별히 준비된 작업환경에서 직업훈련을 받거나 직업 생활을 할 수 있도록 하는 시설(직업훈련 및 직업 생활을 위하여 필요한 제조·가공 시설, 공장 및 영업장 등 부속용도의 시설로서 보건복지부령으로 정하는 시설 포함)
장애인 의료재활시설	장애인을 입원 또는 통원하게 하여 상담, 진단·판정, 치료 등 의료재활서비스를 제공하는 시설
대통령령으로 정하는 시설	1. 장애인 쉼터 2. 피해장애아동 쉼터 3. 장애인생산품 판매시설

⑤ 한부모가족복지시설

한부모가족복지시설은 한부모가족이 안정적인 가족 기능을 유지하고 자립할 수 있도록 지원함으로써 한부모가족의 생활 안정과 복지 증진에 이바지하기 위한 목적(한부모가족지원법 제1조)으로 설치·운영되는 시설로 그 종류는 〈표 2-6〉과 같다(한부모가족지원법 제19조).

〈표 2-6〉 한부모가족복지시설의 종류

시설의 종류	사업 및 내용
모자가족복지시설	모자가족에게 다음의 어느 하나 이상의 편의를 제공하는 시설 가. 기본생활지원 : 생계가 어려운 모자가족에게 일정 기간 동안 주거와 생계를 지원 나. 공동생활지원 : 독립적인 생활이 어려운 모자가족에게 일정 기간 동안 공동생활을 통하여 자립을 준비할 수 있도록 주거 등을 지원 다. 자립생활지원 : 자립욕구가 강한 모자가족에게 일정 기간 동안 주거를 지원
부자가족복지시설	부자가족에게 다음의 어느 하나 이상의 편의를 제공하는 시설 가. 기본생활지원 : 생계가 어려운 부자가족에게 일정 기간 동안 주거와 생계를 지원 나. 공동생활지원 : 독립적인 생활이 어려운 부자가족에게 일정 기간 동안 공동생활을 통하여 자립을 준비할 수 있도록 주거 등을 지원 다. 자립생활지원 : 자립욕구가 강한 부자가족에게 일정 기간 동안 주거를 지원
미혼모자가족복지시설	미혼모자가족과 출산 미혼모 등에게 다음의 어느 하나 이상의 편의를 제공하는 시설 가. 기본생활지원 : 미혼 여성의 임신·출산 시 안전 분만 및 심신의 건강 회복과 출산 후의 아동의 양육 지원을 위하여 일정 기간 동안 주거와 생계를 지원(제5조에 따른 지원대상자 중 미혼이 아닌 여성의 임신·출산 시 안전 분만과 출산 후 양육 지원을 포함) 나. 공동생활지원 : 출산 후 해당 아동을 양육하지 아니하는 미혼모 또는 미혼모와 그 출산 아동으로 구성된 미혼모자가족에게 일정 기간 동안 공동생활을 통하여 자립을 준비할 수 있도록 주거 등을 지원
일시지원복지시설	배우자(사실혼 관계에 있는 사람을 포함한다)가 있으나 배우자의 물리적·정신적 학대로 아동의 건전한 양육이나 모의 건강에 지장을 초래할 우려가 있을 경우 일시적 또는 일정 기간 동안 모와 아동 또는 모에게 주거와 생계를 지원하는 시설
한부모가족복지상담소	한부모가족에 대한 위기·자립 상담 또는 문제해결 지원 등을 목적으로 하는 시설

2) 실습지도자 기준

실습지도자는 우선 법적으로 사회복지사 1급 자격증을 소지한 자로서 3년 이상 또는 사회복지사 2급 자격증을 소지한 자로서 5년 이상 사회복지사업의 실무경험이 있는 자가 자격을 가진다. 사회복지사업법 제2조에 따라 신고된 법인, 시설, 기관 및 단체에서 사회복지사로 상근한 경력(사회복지사 자격증 발급일로부터의 경력만 인정)이 있어야 한다. 실습지도자는 기관실습이 실시되는 연도의 전년도에 8시간 이상의 보수교육을 받은 자여야 한다.

- [예시1] 사회복지사 1급 자격증을 교부받은 후 3년 이상 사회복지 실무경험이 있는 경우 인정 가능
- [예시2] 사회복지사 2급 자격증을 교부받은 후 5년 이상 사회복지 실무경험이 있는 경우 인정 가능
- [예시3] 사회복지사 2급 자격증을 교부받은 후 4년의 사회복지 실무경험이 있고, 1급으로 승급 후 사회복지 실무경력이 1년 이상인 경우(최초 자격증을 취득한 2급 발급일로부터 5년 이상 실무경험이 있으므로 인정 가능)
- [예시4] 사회복지사 2급 자격증을 교부받은 후 6년의 사회복지 실무경험이 있고, 1급으로 승급 후 사회복지 실무경력이 6개월인 경우(최초의 자격증을 취득한 2급 발급일로부터 5년 이상 실무경험이 있으므로 인정 가능)

실습지도자는 개인적인 이익 실습지도자는 개인적인 이익추구를 위해 자신의 지위를 이용해서는 안 되며, 전문적 기준에 의해 공정하게 책임을 수행하며, 실습생에 대한 평가는 실습생과 공유해야 한다. 또한 실습지도자는 실습생에 대해 인격적, 성적으로 수치심을 주는 행위를 해서는 안 되고, 보다 내실 있고, 전문적인 실습지도를 위해 한국사회복지사협회 등 관련 단체에서 진행하는 실습지도자를 위한 교육을 통해 실습지도자로서의 전문지식과 기술, 능력을 향상시킬 수 있도록 노력해야 한다(한국사회복지사협회, 2010).

3) 교육기관 및 실습지도교수 기준

사회복지현장실습 교육기관은 한국사회복지사협회 사회복지현장실습 매뉴얼에 따른 실습지도가 가능한 교육기관으로 사회복지현장실습 전담 지도교수가 배치되어 있는 교육기관을 말한다.

실습지도교수의 자격조건은 먼저 사회복지사 1급 자격증 소지자로, 석사학위 소지자인 경우 교육과정 중 최소 한 학기 이상 실습을 받은 경험이 있거나, 사회복지기관에서 5년 이상 근무하면서 실습지도의 경험이 있는 자, 박사학위 소지자의 경우 교육과정 중 최소 한 학기 이상 실습을 받은 경험이 있거나, 사회복지기관에서 1년 이상 근무하면서 실습지도의 경험이 있는 자이다. 한국사회복지사협회에서는 현장 실무경험이 풍부한 실습지도 전임교수를 채용하여 가능한 한 전임교수가 실습지도를 담당하도록 권장하고 있다.

〈서식〉 교육기관 – 실습 의뢰서

○○○대학교(원) ○○대학 사회복지학과장

수신자
(참 조)
제목 **사회복지현장실습 의뢰**

1. 항상 사회복지현장실습 교육을 위해 애써주시는 귀 기관에 감사드립니다.
2. 사회복지현장실습을 수강하는 본교 사회복지학과 학생의 실습교육을 의뢰하오니 아래를 참조하시어 협조하여 주시기 바랍니다.

– 아래 –

가. 학생명 : (학생연락처 :)
나. 실습기간 :
다. 실습지도교수 :
라. 실습담당조교 :
(연락처: 사회복지학과 ☎)

별첨 : 실습신청서 1부. 끝.

○○○대학교(원) ○○대학 사회복지학과장(직인)

시행 처리과 – 일련번호(시행일자) 접수 처리과명 – 일련번호(접수일자)
우 주소/홈페이지 주소
전화( ) 전송( ) /기안자의 공식 전자우편주소 / 공개구분

〈서식〉 교육기관 – 실습생 프로파일

1. 인적사항

(사진)	실습생명		성 별		생년월일	
	소속	대학교(원) 전공학년(학기)				
	주소					
	전화번호	집 : 핸드폰 :				
	E-mail					

2. 이수 전공과목

교과목명	이수 완료	현재 이수	교과목명	이수 완료	현재 이수	교과목명	이수 완료	현재 이수
사회복지학개론			인간행동과 사회환경			사회복지실천론		
사회복지실천기술론			지역사회복지론			사회복지정책론		
사회복지행정론			사회복지법제와 실천			사회복지조사론		
사회복지자료분석론			프로그램개발과평가			가족복지론		
아동복지론			청소년복지론			노인복지론		
여성복지론			장애인복지론			정신건강론		
정신건강사회복지론			의료사회복지론			학교사회복지론		
산업복지론			자원봉사론			사회문제론		
사회복지역사			사회보장론			교정복지론		
사회복지윤리와철학			사회복지지도감독론			사회복지현장실습		

3. 경력

구분 (취업, 실습, 봉사)	기관	기간	내용

4. 사회복지를 전공하게 된 동기

5. 실습 기관 선택 이유

6. 실습을 통해서 성취하고자 하는 목표

7. 실습을 마친 후 목표달성 정도를 파악할 수 있는 기준

8. 사회복지를 실천하는 데 있어 자신의 강점과 약점

1) 사회복지 지식 및 기술의 측면	2) 개인적인 특성 측면

9. 취미 및 특기

10. 실습기관, 실습지도자 및 실습지도교수에게 바라는 점

〈서식〉 실습기관 – 실습의뢰에 대한 회신

실습의뢰에 대한 회신

귀 대학의 실습생의 실습의뢰를 수락합니다.

<table>
<tr><td>실습생명</td><td></td><td>소속대학</td><td></td></tr>
<tr><td>기관명</td><td colspan="3"></td></tr>
<tr><td>기관주소</td><td></td><td>전화번호</td><td></td></tr>
<tr><td rowspan="2">실습지도자</td><td rowspan="2">직위 :
부서 :
성명 :</td><td>연락처</td><td>전화 :
팩스 :</td></tr>
<tr><td>E-mail</td><td></td></tr>
</table>

<table>
<tr><td>실습기간</td><td>년 월 일 ~ 년 월 일
(오리엔테이션 일정 : 년 월 일시)</td></tr>
<tr><td>필요서류</td><td>다음 서류를 실습개시일 ( )일 전까지 우송 바랍니다.
– 실습생 프로파일 1부
– 실습비 (원) (실습개시일 납부요망)
– 기타 필요한 서류
( )</td></tr>
<tr><td>실습을 위한 기타 준비사항</td><td>– 참고문헌

– 사전 과제물</td></tr>
<tr><td>대학에 대한 의견</td><td></td></tr>
</table>

실습지도자 (인)

기관장 (인)

[예시] 실습사전 준비점검표 – 실습기관

구분	내용	점검
실습생 모집	실습생 모집 공고(최소 2주간 기관홈페이지 한국사회복지사협회 홈페이지에 공지)	□예 □ 아니요
	실습생 모집 공고 내용의 적절성(실습내용, 기간, 모집절차, 실습비용 등의 내용의 적절성)	□예 □ 아니요
	실습생 모집 절차의 충분성(실습 시작 전 충분한 시간적 여유(최소 2개월)를 두고 진행)	□예 □ 아니요
실습생 선발, 배치	실습생 선발조건을 명시함(선수과목, 봉사경험, 선수과목, 태도 등)	□예 □ 아니요
	실습생 선발을 위한 절차가 정해져 있음(서류검토, 면접심사 등)	□예 □ 아니요
	실습생 선발결과에 대해 공식적인 공지를 함	□예 □ 아니요
	실습생을 배치할 경우 실습생의 희망과 실습업무의 특성을 고려하고자 함	□예 □ 아니요
실습전 기본교육	실습 시작 전 실습생을 대상으로 실습준비모임 진행(2주 전)	□예 □ 아니요
	실습기관의 목적, 사업, 구조, 재정 등 기관에 대한 오리엔테이션을 실시	□예 □ 아니요
	기관이 속한 지역사회에 대한 이해를 도모하기 위한 교육 실시	□예 □ 아니요
	실습생의 역할, 실습 태도 및 자세 등에 대한 교육을 실시	□예 □ 아니요
실습지도 환경	실습지도를 위한 물리적 환경 확보(공간, 자리 등)	□예 □ 아니요
	실습업무를 수행하는 장소(지역사회, 가정방문)의 안전 확인	□예 □ 아니요
	실습기간 동안 실습생의 소지품 보관 등 편이 제공을 위한 조치	□예 □ 아니요
	실습업무 중 사무기기 사용 및 소모품 제공 사전조치	□예 □ 아니요
	외부활동 등 실습업무 동안 안전과 관련된 제도 마련	□예 □ 아니요
실습교육 공식화	교육기관에 실습확정 공문발송	□예 □ 아니요
	실습교육기관, 실습생, 실습지도자 간 실습계약	□예 □ 아니요
	실습기간 중의 의무사항에 대한 안내 및 서약서 작성	□예 □ 아니요

출처 : 한국사회복지사협회(2017); 한국사회복지사협회(2013). 표준실습교육매뉴얼(노인복지관)을 참고로 재구성.

〈서식〉 실습기관 - 실습지도자 프로파일

실습지도자 프로파일

1. 인적사항

성명		성별	
기관명/부서		직책	
담당 업무		전화	
이메일		팩스	
최종학력		최종학력의 전공	
사회복지사 자격번호		사회복지 총 실무경험기간	년 개월

2. 실습지도 및 실습분야 관련 주요 교육배경

교육명	주관단체	기간	수료/자격여부

3. 사회복지분야 근무경력

기관명	기간	직책	담당업무

4. 본인의 전공분야 (현재 자신의 관심분야, 실천모델, 실천기술과 기법)

5. 실습지도자로서의 자신의 특성(강 · 약점)

6. 실습생에게 바라는 점

2. 사회복지현장실습 준비단계

현장실습 진행단계는 실습기관에서 실습생의 신청을 수락하고 실습지도 계획과 실습지도자를 선정하는 등 실습 준비단계를 거쳐 본격적인 현장실습 교육과 실습업무를 실시하고 실습 종결단계에 이르는 과정을 말한다. 이 과정에서 실습생은 사례관리, 프로그램 개발과 평가 등의 방법론을 실습과제의 형태로 경험하게 된다.

실습 준비단계는 효과적인 실습의 토대작업을 진행하는 과정으로, 실습 준비단계는 실습교육과정에서 수행될 내용을 사전에 점검하면서 슈퍼비전이 효과적으로 제공될 수 있도록 기본 틀을 구축하는 과업을 수행한다. 실습 준비단계에서는 실습과 관련된 기관의 규정과 실습생 선발 조건에 대한 검토를 통해 실습생을 모집하고 선발하며, 실습계획서를 작성하고 그에 준하여 실습과정에서 요구되는 제반 과업의 사전 준비를 진행한다. 선발된 각 실습생의 프로파일을 검토하고 실습 시작 전 사전 미팅시간을 통해 실습생의 실습목표를 확인하고 실습에서 요구되는 지식과 기술에 대해 사전에 준비할 수 있도록 지침을 전달함과 동시에 실습생의 교육욕구를 진단하여 실습슈퍼비전의 계획의 기초 자료를 수집하고, 실습계약서 및 실습서약서를 작성하면서 실습을 위한 사전 준비를 수행한다(한국사회복지사협회, 2017).

〈표 2-7〉 실습 준비단계의 내용

단계	주요 내용	과제물	활용양식
준비단계	• 실습 전 확인사항 점검 • 실습계약 체결(3자 체결 : 실습지도자, 실습학생, 지도교수) • 실습서약서 작성 • 실습시작 전 오리엔테이션(사전미팅) 실시 • 실습생프로파일 검토 • 실습슈퍼비전을 위한 기초자료 수집 • 실습생의 교육욕구 진단 • 실습지도자와 실습생의 초기 관계형성	• 실습생프로파일 • 실습생실습계획서	준비점검표 프로파일 실습계획서 실습계약서 실습서약서

출처 : 한국사회복지사협회(2017).

1) 실습기관의 준비단계

준비단계에서 실습기관은 실습개시를 위한 행정적인 업무(실습생 모집 공문 전송, 실습신청서 수합, 실습신청자와 실습지도자와의 면담, 실습생 선정 및 통보, 교육기관으로부터의 실습의뢰 공문발송 요청 및 실습 수락서 발송 등)를 수행하고, 실습을 위한 기관의 물리적 환경과 실습 내용의 계획을 점검해야 한다. 더불어 효과적인 실습 진행을 위해 선발한 실습생의 기존 지식과 기술을 파악하고 실습생 프로파일과 사전 오리엔테이션 과정에서 확인된 실습생 상황을 고려하여 실습 진행 전에 조율하는 과정이 필요하다. 실습지도자는 각 단계에서 수행되는 실습내용에 따라 행정적, 교육적, 지지적 측면에서 어떤 역할과 과업을 수행할지에 대한 내용을 실습계획서에 포함하면서 실습생의 실습 내용과 발달단계를 고려한 슈퍼비전 계획서를 수립해야 한다.

〈표 2-8〉 실습계획서 작성 시 고려되어야 할 사항

구분	내용
실습생의 범위 결정	• 실습 회기에 선발 가능한 실습생 수
실습 대상	• 실습기관의 특성에 따른 실습대상(학부, 대학원생 등) • 특정 과목 이수자격 포함 여부
실습 시간	• 실습 최소 시간이 120시간인 점을 고려하여 그 이상의 시간을 계획(방학 중 4주간 160시간, 학기 중 160시간까지도 가능) • 1일 최소 4시간 이상, 최대 8시간 이하 • 실습수행 내용의 특성 상 기준을 넘기는 실습시간 등은 실습생,실습기관, 학교(교육기관)가 상의하여 실습계약과 실습계획에 의거 결정하여야함
실습 요일	• 학기 중 실습 : 실습업무의 특성을 고려하여 요일 재배치 가능 • 방학 중 실습 : 월~금 전일 근무원칙 • 다른 요일 혹은 토요일, 휴일에 프로그램 진행 시 사전논의 필요
실습 일정	• 방학 실습의 경우, 구체적인 시기 포함
실습 장소	• 실습 슈퍼비전 제공 장소, 실습내용 수행 장소 등
실습 비용	• 실습생을 지도하기 위한 적정 비용
실습지도 내용	• 전문성을 지향하는 교육·훈련 목적의 실습내용

(1) 실습슈퍼비전

실습슈퍼비전은 예비사회복지사인 실습생이 전문 사회복지사로 성장하기 위해 실습기관의 지도자로부터 슈퍼비전을 받을 권리가 있으며, 실천 과정에서 야기될 수 있는 실천상 오류를 막기 위해서라도 지식과 기술을 겸비한 사회복지사로부터 실습업무 전반에 대한 지도·감독이 행해져야 한다. 실습과정에서 지켜져야 할 실습슈퍼비전의 원칙은 다음과 같다(서울시 사회복지관협회, 2005, 한국사회복지사협회, 2017 재인용).

① **정규화의 원칙** : 슈퍼비전은 정기적으로 제공되어야 함. 실습생을 위한 슈퍼비전의 정기성은 학기 중은 매주 정해진 시간에, 그리고 방학 중의 경우는 매일 정해진 시간에 슈퍼비전이 제공될 수 있어야 함

② **공식화의 원칙** : 슈퍼비전은 업무의 일부로 업무시간 중에 수행되어야 함. 실습생과 실습지도자의 업무량의 관리를 통해 공식업무의 일환으로 수행되어야 함

③ **상호교류 중심화의 원칙** : 슈퍼비전은 슈퍼바이저와 슈퍼바이지의 상호 계획하에 수행되어야 함. 실습은 목적적인 것이므로 실습계약을 통해 설정된 목표에 실습생과 실습지도자가 상호적으로 슈퍼비전의 전 과정에 함께해야 함

④ **개별화의 원칙** : 슈퍼비전은 슈퍼바이지의 업무와 관련된 지식, 기술, 능력을 파악하여 이와 관련한 훈련, 개발, 더 나아가서 경력개발에 초점을 두고 개별화하여 진행되어야 함

⑤ **성장 중심화의 원칙** : 슈퍼비전은 슈퍼바이지의 업무수행상 취약점을 지적하는 것보다는 가능성과 강점의 개발에 초점을 두고 진행되어야 함

⑥ **맥락화의 원칙** : 슈퍼비전은 조직의 내적 및 외적 환경, 슈퍼바이지가 속한 업무환경 등 맥락을 고려하여 진행되어야 함

⑦ **욕구 중심화** : 실습생의 욕구에 맞춰 실습슈퍼비전을 계획하고 제공해야 함. 실습생이 실습지도자로부터 슈퍼비전을 통해 받고 싶은 것, 받을 필요가 있는 것 등을 미리 파악하고 그에 맞춰 제공해야 함

사회복지현장실습에서 시행되는 슈퍼비전은 사회복지전공 학생이 학교에서 배운 사회복지이론과 기술을 현장에 적용하여 전문역량을 발전시킬 수 있도록 체계적이고 과학적으로 설계되어야 한다.

(2) 실습슈퍼비전 모델

대표적인 슈퍼비전 모델로는 특정 상황의 문제를 해결하기 위해 논리적인 모형을 포괄적으로 제시한 틀인 논리모델과, 슈퍼바이저와 슈퍼바이지가 슈퍼비전을 통해 달성해야 되는 과업을 단계적으로 학습하는 방법과 역량 있는 슈퍼비전을 설계하는 방법을 제시한 모델인 과업모델이 있다(한국사회복지사협회, 2017).

① 논리모델

논리모델은 일반체계이론에서 파생한 모델로 특정한 일이 투입, 활동, 산출, 성과의 체계의 원인과 결과, 즉 인과적인 구성 관계로 이루어진다고 보는 입장이다. 논리모델의 가장 큰 장점은 어떤 일의 절차를 투입 - 활동 - 산출 - 성과의 단순 구조를 활용하여 이해하기 쉽게 도식화하여 명확한 의사소통이 가능하다는 것이다(조성우 외, 2018). 논리모델은 프로그램에 대한 논리적인 이론적인 모형을 포괄적으로 제시한 하나의 틀이라고 할 수 있다. 특정한 상황의 문제를 해결하기 위하여 개발된 프로그램을 한눈에 볼 수 있게 해주는 그림으로, 무엇이 투자되었는지, 어떤 활동을 했는지, 그 결과가 무엇인지에 대해 시각적으로 표현해 낸 것이다. 논리모델은 프로그램 구조와 조직을 정교하게 만들고 자체 평가를 적절하게 설계하는 데 도움이 된다. 논리모델은 사회복지

현장실습과 같이 실습생을 대상으로 슈퍼비전을 제공하는 경우에 보다 용이하게 접근할 수 있는 슈퍼비전모델이다(한국사회복지사협회, 2017).

〈표 2-9〉 논리모델의 구성요소와 사회복지현장실습 적용 예시

투 입	활 동	산 출	성과(단기·장기)
프로그램을 운영하는 데 활용되는 자원들로서 인적자원, 물적자원, 예산지원, 네트워크자원, 정보자원, 시간자원으로 구성	자원들을 사용하여 프로그램 산출과 성과를 생성하기 위해 수행되는 모든 작업을 의미하며 서비스나 활동으로 구성	프로그램 종료 후 확인할 수 있는 인원수, 시간, 활동량, 물품 수, 후원금, 결산액 등과 같은 객관적인 실적 의미	프로그램을 통해 나타나는 인간 혹은 지역의 단기, 장기적 변화
사회복지현장실습의 논리모델 적용 예시			
• 실습생 • 슈퍼바이저 • 클라이언트 • 실습코디네이터 • 학교슈퍼바이저 • 실습비 • 실습장소 • 서비스 진행장소 • 실습계획서	• 슈퍼비전 계획서 • 슈퍼비전 기법 • 사회복지실천기법과 이론 • 레코딩 기법 • 실습지침서 • 실습과정	• 실습참여 횟수 • 실습과제물 • 슈퍼비전 횟수	• 사회복지사로서 자아 정체성 확립 • 사회복지사로서의 자기인식 • 전문적 기술 습득 • 설정실습목표 달성
• 실습공문 • 실습계약 • 실습업무분석 • 기관슈퍼비전 규정	• 슈퍼비전 방법, 빈도, 횟수 • 슈퍼바이저의 기술과 지식	• 출석률 • 과제제출물 • 중간평가보고서 • 종결평가보고서	•슈퍼비전평가척도 •전문직효능감척도 •실습평가서

출처 : 한국사회복지사협회(2017) 재구성.

② 과업모델

과업모델은 슈퍼바이저와 슈퍼바이지가 슈퍼비전을 통해 달성해야 하는 과업을 단계적으로 학습하는 방법과 역량 있는 슈퍼비전을 설계하는 방법을 제시한 모델이다.

미들맨과 로우즈(Middleman & Rhodes, 1985)는 '역량 있는 슈퍼비전'의 개념을 제시하며 슈퍼바이저와 슈퍼바이지 양자 모두가 갖추어야 할 역량을 제시하였는데 각 역량을 갖추기 위해 필요한 과업과 학습에 필요한 구체적 전략과 기술을 제시해 놓은 것이 본 과업모델의 특징이라고 할 수 있다. 과업모델에서 역량을 갖춘 슈퍼바이저는 슈퍼바이지가 필요한 역량을 학습해 나갈 수 있도록 체계적 단계를 따라 계획을 세워 접근해야 한다(한국사회복지사협회, 2017).

〈표 2-10〉 과업모델 슈퍼비전의 업무

슈퍼비전 업무	내 용
교수·학습상황 계획	맥락, 관계, 구조, 과정의 측면을 판단할 수 있음
슈퍼바이지의 학습욕구사정	조직에서 요구한 과업사항 : 슈퍼바이지의 이전 인생경험 및 공식적 학습과 경력 : 기대나 관심, 능력, 신뢰감 등과 관련된 슈퍼바이지와의 실제적 대화 등으로부터 정보를 획득. 대화와 관찰을 통해 슈퍼바이지 학습스타일의 장점 파악
슈퍼바이지와 계약	지도감독 합의의 규칙이 세워지고 슈퍼바이지의 관점으로부터 바람직한 교수의 강조점이 구체화
서비스 및 학습을 위한 주요 목적을 공식화	시간계획표와 과정에 대한 평가방법, 그리고 목적달성 등 활용할 수단에 대해 토론하고 점검
목적, 하위목적, 수행목표 등의 선택과 순서매김	우선순위, 주의를 기울여야 할 차례, 강조점 등을 선정할 수 있도록 해줌
학습을 위한 조건결정	목적(가르치는 방법, 학습과정에 더 포함시켜야 할 사람, 내용, 과정, 적용할 수 있는 구조적 요소 등)을 구체화
슈퍼바이지와 함께 상호 계획된 슈퍼비전 디자인 시작	슈퍼비전 실시
학습목표성취에 대하여 피드백을 주고 토론	교수의 일부로서, 정규적으로(주별 또는 월별로) 실시되어야 함
슈퍼비전 디자인 업데이트	어떤 학습목표가 성취되었거나 예기치 않은 문제가 발생했을 때, 상호 협력에 의하여 다른 또는 새로운 학습목표를 대치하거나 추가하고, 구체화된 시간의 과정을 사정하며, 새롭게 강조할 점이나 또 다른 교수·학습의 구성을 명확히 함
슈퍼비전 디자인을 새롭게 정리	업데이트된 슈퍼비전 디자인을 새롭게 정리

출처 : Middleman & Rhodes(1985).

(3) 실습기관 오리엔테이션

준비단계에서 실습지도자는 선발된 실습생에게 실습 일정과 실습비 관련 사항을 알리고, 실습계약 및 실습서약서를 작성한 후 실습기관 오리엔테이션을 진행한다. 오리엔테이션은 실습 시작 전 하루를 지정하거나 실습교육 첫날이나 첫 주에 체계적으로 구조화된 내용으로 실시한다. 사전 오리엔테이션의 내용은 다음과 같다(한국사회복지사협회, 2017).

- 실습생의 자세와 역할 및 태도에 대한 안내 - 실습 시 준수사항 안내(행동지침, 복장, 시간엄수 등 사무규칙에 대한 주의사항 포함)
- 실습일정과 실습내용에 대한 안내
- 실습기관 및 지역사회에 대한 안내
- 실습생의 실습기대와 욕구 수렴

2) 실습생의 준비단계

실습생은 자신이 실습신청을 한 실습기관으로부터 선발 통보를 받은 후 다시 한번 기관을 방문하여 감사의 인사와 함께 효과적인 실습을 위해 필요한 사항들에 대한 조언을 받는 것이 좋다. 또한 자신의 실습 영역에 도움이 될 만한 도서와 정책자료 등을 찾아 사전 지식을 갖추는 것이 필요하다. 본격적인 실습에 앞서 실습생과 실습지도자는 서로의 협의에 의해 실습계약서를 작성한다. 실습계약을 통해 얻을 수 있는 이점은 다음과 같다(석말숙 외, 2022).

① 실습생 자신의 목표가 무엇인지 알 수 있다.
② 계획적인 시간 배정과 학습동기가 증대된다.
③ 장기적인 의사소통과 피드백을 가질 수 있다.
④ 계약이 끝나면 감정과 만족감이 향상됨을 느낄 수 있다.

⑤ 교육 내용, 교육 자료, 교육 방법 그리고 경험의 선택이 용이해진다.
⑥ 학생들의 노력에 대한 평가, 교수나 슈퍼바이저의 교육에 대한 효과성 평가를 위한 기반이 구체적으로 설정된다.

실습생이 실습 전 과정에서 자신의 역할에 맞는 바람직한 자세를 갖추어야 한다. 한국사회복지사협의회(2017)는 사회복지현장실습생의 자세를 사회복지사 윤리강령 준수와 더불어 다음과 같이 제시하고 있다.

① 실습의 목적과 중요성을 충분히 이해하고 실습계약 사항을 이행하기 위하여 최선의 자세로 실습에 임한다.
② 실습은 대학에서 학습된 이론을 구체적으로 적용하는 과정임을 인식하여 이에 최선을 다한다.
③ 실습교육기관의 구성원이라는 생각으로 타 구성원과 협력하며 친화적인 태도를 취한다.
④ 기관의 정책을 이해하고 수용하며 실습과정에서 준수하도록 한다.
⑤ 근무시간은 기관의 규정에 준하며 직원과 동일한 자세로 근무시간에 임하도록 한다.
⑥ 실습시작 최소 10분전에 출근하여 출근을 확인하며, 업무에 관계된 사항을 사전에 준비하도록 한다.
⑦ 결근, 조퇴, 지각 등 근태와 관련된 사항은 반드시 실습지도자에게 사전에 보고하여 허락을 받도록 한다.
⑧ 실습지도자의 지시뿐 아니라 타직원의 지도를 잘 이행하므로 실습효과를 최대화하도록 한다.
⑨ 직무에 강한 책임감과 열의를 갖고 적극적으로 임하며 타인에게 책임을 전가하거나 태만하게 행동하지 않는다.
⑩ 실습으로 인하여 알게 된 클라이언트의 사적인 정보를 교육적 목적(대학실습지도 등) 이외에는 절대 발설하지 않으며, 교육적 목적이라 하더

라도 가명을 사용하여 개인의 비밀이 침해되지 않도록 한다. 실습종료 후, 실습 관련 내용을 학회지 등에 게재하고자 할 때는 반드시 실습지도자와 상의하여 허락을 받아야 한다.

⑪ 실습지도자의 지도 혹은 타 실습생의 실습을 견학, 관찰할 경우 배우는 자세로 진지한 태도를 취한다.

⑫ 기관의 직원, 클라이언트 등에 대해 예의를 지킨다.

⑬ 복장, 소지품은 실습 기관의 특성과 상황에 맞게 취하되 가능한 한 화려한 것을 피하고 검소하며 단정한 것으로 착용하도록 한다.

⑭ 안전사고에 만반을 기하도록 하며 안전사고와 관련된 기관의 규정을 사전에 숙지하여 그에 준해 처리하도록 한다.

⑮ 실습일지를 비롯한 각종 실습기록은 사실에 근거하여 정확하고 구체적으로 정리하여 실습 시 실습지도자와 실습지도교수의 강평을 받는다.

⑯ 과제에 관하여 연구하고 그 결과물에 대해 실습지도자의 강평을 받는다.

⑰ 실습과정 중 어떤 경우라도 사례금 등의 금품을 절대 주거나 받지 않는다.

⑱ 과제물은 정해진 기일에 제출하고 출근 전에 작성을 마친다.

⑲ 기관의 명칭을 사적으로 활용하지 않으며 실습생의 신분을 지킨다.

⑳ 기관을 대표한다는 자세로 실습교육기관의 직원들과 동일한 업무 태도와 자세를 취한다.

3) 교육기관 준비단계

실습이 시작되기 전 교육기관에서는 학생들에게 사회복지현장실습 전반에 대한 정보를 제공하기 위해 오리엔테이션을 실시한다. 교육기관 오리엔테이션 내용은 현장실습 전반에 대한 개요와 실습생의 의무와 유의사항 안내로 이루어지며 세부사항은 다음과 같다.

① 사회복지현장실습의 목적과 목표

② 사회복지현장실습의 구성

- 기관 : 현장실습 160시간 이상
- 학교 : 실습세미나 1회당 2시간 이상 총 15회 실시

③ 실습생 자격조건 - 필수과목 4과목 이상 + 선택과목 2과목 이상 이수

④ 실습 실시기관 요건 및 실습지도자 자격기준

⑤ 기관실습 신청 및 진행과정

⑥ 실습생의 의무 및 유의사항

〈서식〉 – 실습계약서

실습계약서

실습생명		소속 대학	
기관명		주소 / 전화번호	
실습지도자		실습지도교수	

1. 일반적 사항

(1) 실습기간 : ______년 월 일부터
______년 월 일 까지 총 일

(2) 업무시간 : 주일 근무, 시부터 시까지

(3) 대학 실습세미나 시간 : ___요일, ___시부터 ___시까지

(4) 결석에 대한 조치

2. 실습의 목적과 목표

(1) 목적

(2) 목표

3. 실습생의 의무와 책임

4. 실습지도자의 의무와 책임

5. 실습지도교수의 의무와 책임

상기 사항을 성실하게 이행하여 실습을 진행하도록 하겠습니다.

년 월 일

실습생 인
실습지도자 인
실습지도교수 인

〈서식〉 실습생 – 실습생서약서

실 습 생 서 약 서

본인은 ○○ 기관의 실습생으로서 다음의 사항을 준수할 것을 서약합니다.

1. 사회복지사 윤리강령
2. 클라이언트와 기관에 대한 비밀 유지
3. 실습교육기관 및 실습지도자의 요구사항

년 월 일

실습생 : (인)

○○ 기관 귀중

〈서식〉 실습기관 – 실습지도계획서

실습지도계획서

○ 실습지도자 :

1. 실습목적 :
2. 실습목표 :
3. 실습분야 :
4. 실습기간 :
5. 실습대상 :
6. 교육계획

단위시간	내 용	담당	비 고

7. 실습지도방법

- 개별실습지도 계획 :
- 집단실습지도 계획 :
- 기타 계획 :

8. 실습일정

주	월/일	시간	실습내용	담당	과제물

9. 실습생의 책임과 과제

10. 참고도서

3. 사회복지현장실습 초기단계

사회복지현장실습 초기 단계에는 실습생에 대한 교육적 사정과 기본 교육이 이루어지며 실습업무가 할당되고 기본적인 교육과 훈련을 통해 본격적인 실습업무의 기초를 다지는 단계이다(석말숙 외, 2022). 초기단계에서 실습생은 실습지도자와 기관의 여러 직원들, 클라이언트 그리고 함께 실습에 참가하는 다른 동료 실습생과 새로운 관계를 형성하게 된다. 그리고 자신이 할당받은 업무를 본격적으로 시작하게 되고 기관 내 자신이 배치된 부서에서 실습생의 업무내용 및 실습 유형에 따른 분야별 교육을 받게 된다.

초기단계에서 실습생은 자신의 실습기관의 정책과 프로그램 이용자 특성과 더불어 해당 지역사회에 대해 충분한 이해가 필요하다. 실습기관은 그 지역사회에 거점을 두고 다양한 기관과 자원, 인력을 활용하고 연계함으로써 지역 문제를 해결하고 다양한 사회복지서비스를 개발하고 추진하고 있다. 그러므로 지역사회를 파악하는 과정은 사회복지사의 역할과 책임으로 실습생은 지역사회조사와 분석을 통해 이를 학습해야 한다. 지역사회 분석 내용에는 지역사회의 특성과 인구구조학적 특성, 지역의 제반 문제와 주민의 욕구, 해결방안, 주민참여의욕 정도, 지방행정기관의 정책과 중점 추진 방향 등이 포함된다(조성심, 2020).

실습이 본격적으로 시작되는 초기단계에서 실습생들이 받아야 하는 교육과 훈련에 중요한 부분 중 하나가 행정적인 업무를 처리할 수 있는 기술적 훈련이다. 각종 공문서의 작성과 관리는 기관의 대내적·대외적 활동의 중요한 의사소통 도구로서 법적인 책임과 근거가 된다. 또한 기관 내 다양한 활동과 관련된 보고서 작성의 역량도 갖추어야 한다.

〈표 2-11〉 실습초기단계의 내용

단계	주요 내용	과제물	활용양식
초기 단계	• 실습생 대상의 공통교육진행(윤리, 행정, 예산, 문서(기록)작성, 프로그램 계획서 작성 등) • 기관 및 직원소개 • 지역사회탐방 • 부서 및 실습업무 안내 • 관련된 정책 및 제도에 대한 이해	• 기관분석보고서 • 지역사회분석보고서 • 지역사회지도그리기	실습일지, 실습생출근부, 실습지도기록서, 사회복지사선서, 윤리강령, 기관분석보고서, 지역사회, 분석보고서

출처 : 한국사회복지사협회(2017).

1) 초기단계 실습지도자의 역할

초기단계에서는 실습지도자와 실습생 간에 신뢰를 다지는 단계이며, 실습생별 맞춤형 개별화를 이루는 단계이다. 초기단계 실습지도자의 역할을 슈퍼비전 기능에 따른 역할과 슈퍼비전 유형에 따른 역할로 나누어 보면 다음과 같다(임정문 외, 2021).

〈표 2-12〉 슈퍼비전 기능에 따른 역할(초기단계)

기능	역 할
행정적 기능	• 실습생이 수행해야 하는 역할과업과 실습생의 권한에 대해 이해하도록 함 • 실습생들에게 실습의 효과적인 작업 환경(실습공간, 실습도구 등)을 제공하기 위해 안내함 • 기관의 다양한 자원, 정책, 규정, 절차를 이해할 수 있도록 알려줌(기관규정집, 직원교육자료집, 직무수행서 등 제공 및 교육) • 기관의 자원에 효과적으로 접근하고, 조직의 구조와 자원을 효과적으로 활용하도록 함 • 실습생의 강점과 약점을 고려하여 실습과업을 계획, 분배함 • 실습생과 효과적이고 효율적인 의사소통을 위해 대면접촉, 전화, 이메일, 문자, 보고서, 일지 등을 적절하게 활용함

교육적 기능	• 실습생이 업무에 익숙하도록 돕기 위해 필요한 지식과 기술을 제공함 • 실습생들의 학습을 위해 '가르치기', '배움 촉진하기', '경험과 지식 나누기', '정보 제공하기', '명확화하기', '충고하기', '제안하기' 등의 기법을 활용하여 학습을 촉진함 • 관련된 논문, 보고서, 저서, 기관연구물 등을 공유하여 실습업무에서 요구되는 지식과 기술의 이해를 촉진함 • 업무 관련 서류나 프로그램 관찰, 교육 및 직원을 모방하는 기회를 제공함
지지적 기능	• 실습생에게 실습 만족감을 지원하기 위해 초기 라포를 형성함 • 실습초기의 긴장과 스트레스를 감소시키기 위해 지지함 • 초기에는 작은 성공에 대해서 적절한 시점에 구체적인 내용에 대해서 칭찬과 인정을 통해 자신감을 가지도록 함 • 실습생이 잘못한 일에 대해서는 방향과 교정적인 피드백을 즉각 제시해 주면서 이로 인해 위축되지 않도록 배려함 • 초기 실습업무로 인한 부담을 완화하기 위한 지지적인 개입을 함 • 실습생의 초기 긴장완화를 도우며 자신감과 동기화를 촉진함

〈표 2-13〉 슈퍼비전 유형에 따른 역할(초기단계)

유 형	역 할
개별 슈퍼비전	• 실습생을 개별화하여 이해하고 평가하는 것이 보다 학습의 효과가 높게 나타나므로, 실습생 개별 면담 시간을 1~2회기에서 진행하도록 함
집단 슈퍼비전	• 집단 슈퍼비전은 매회 작성된 실습일지와 과제 점검을 통해 진행됨 • 실습 초기단계에서는 실습 양식에 대한 작성방법과 실습일정에 대한 평가, 공통과업에 대한 피드백 중심으로 진행함

2) 초기단계 교육 프로그램

초기단계에 적용해 볼 수 있는 실습생 대상 교육 프로그램으로는 윤리강령 작성, 강점 워크숍, 역할 및 일정 워크숍, 실습선배와 만남의 시간 등이 있다(임정문 외, 2021).

〈표 2-14〉 초기단계 교육 프로그램

교 육	내 용
실습생 윤리강령 작성과 follow-up	• 실습분야와 관련하여 윤리강령의 내용과 실습구성원으로서 5~10가지 자신만의 윤리강령을 작성해 보도록 하고, 실습종료 시 자신이 윤리강령을 준수했는지 평가하도록 해보면 윤리적 민감성이나 실습기간 동안 윤리적 실천에 도움이 됨
실습초기단계 실습생들의 갈등발생 시	• 실습 초기에 실습생들의 갈등이 목격되었을 때 실습생들 서로 role-play '빈 의자 기법'을 활용하면 갈등의 수준을 낮추는 데 효과가 있음
강점 워크숍	• 강점 워크숍은 실습생의 강점과 동료들의 강점을 공유하며, 서로의 강점으로 실습의 목표를 달성함에 효과적임. 우선 실습생 자신의 강점을 기록하며, 기록물을 발표와 전시 등을 통해 실습동료와 공유함. 자신의 강점이 실습기간 동안 어떻게 긍정적으로 활용할 수 있을지 생각하며, 실습동료들과 어떻게 협력할 것인지 기록함. 강점워크숍에서 작성된 기록물을 실습실에 부착하여, 실습기간 동안 실습생들이 함께 보면서 실천하고 교차평가할 수 있도록 함 • 워크숍에서 공동체 작업은 전지 또는 포스트잇 등을 활용하면 효과적임
비전공유 워크숍	• 비전공유를 통해 실습 목적과 목표의 인식과 실천에 긍정적인 효과가 있음. 비전공유 워크숍에서는 실습기관의 비전과 실습생의 비전, 그리고 실습기간 동안 실습생들이 함께 지켜나갈 공동체 비전을 작성함. 먼저 실습기관의 비전에 대해 실습지도자가 설명하고 실습생들이 익힐 수 있도록 함 • 실습생들 자신의 사회복지에 대한 비전을 기록하고, 실습생들과 서로 발표하면서 공유함 • 실습기간 동안 실습생들이 함께 할 공동체 비전을 논의하고 합의하여 작성한 후 실습공간에 부착하여 실습기간 동안 살펴볼 수 있도록 함
역할 및 일정 워크숍	• 실습기간 동안 실습생들의 역할과 일정에 대해 스스로 계획하고 논의하고 조정하는 워크숍을 통해 역할과 과업수행의 책무성과 자발성을 높일 수 있음 • 실습슈퍼바이저가 실습기간 동안 실습생의 역할을 설명한 후 실습생들이 수행하게 될 역할을 일정별로 구체적으로 계획, 조정하여 실습일정표를 작성함 • 작성된 실습일정표는 실습슈퍼바이저와 논의하여 추후 수정할 수 있음. 워크숍에서 공동체 작업은 전지 또는 포스트잇 등을 활용하면 효과적임

실습 MT	• 실습 초기에 실습생과 실습슈퍼바이저, 실습기관 직원들이 함께 실습 MT를 진행함. 실습 MT에서는 관계형성 프로그램, 의사소통 프로그램, 갈등관리 프로그램 등 실습시간 동안 실습구성원들 간의 원활한 소통과 과업 수행에 효과적임 • 실습생들 간의 관계 형성에도 효과적이며, 당일도 좋지만 기관의 여건을 고려해 1박 2일 이상의 일정으로 진행할 수 있음
실습선배(실습멘토)와 만남의 시간	• 실습선배와 후배의 만남의 시간을 마련함으로써 실습동료적 입장에서 실습에 대한 실천과 경험을 모방, 학습함에 효과적임 • 전년도 실습생들을 실습멘토의 역할로 초대해서 실습기간 동안 실천했던 자신의 경험을 청취하고 궁금한 점에 대해 질문하고 답하는 형태로 진행. 실습선배와 실습후배의 관계는 실습기간 동안 지속적으로 소통할 수 있으며, 실습 이후에도 긍정적으로 유지, 발전할 수 있음

3) 실습일지

(1) 실습일지 작성의 목적

사회복지현장실습을 수행하는 동안 실습생은 매일의 출근 기록을 출근부에 남기고 업무내용과 소감을 시간대별로 세밀하게 기록하고, 당일 일과 후 또는 익일 실습지도자의 지도를 받아야 한다. 실습일지 작성의 목적은 다음과 같다(윤철수 외, 2010).

- 자신의 활동에 대해 분석하고 평가하여 앞으로의 실습내용을 보완할 수 있다.
- 실습목표 달성을 위해 앞으로 해야 할 구체적인 노력이 무엇인지 파악할 수 있다.
- 실습지도자가 실습활동을 점검하고 시의적절하게 실습지도를 해줄 수 있다.
- 실습내용뿐만 아니라 실습기관에서 진행하는 사업에 대해 분석하고 평가하여 실습기관 운영에 간접적으로 영향을 줄 수 있다.

(2) 실습일지 작성법

실습일지를 작성하는 방법과 유의사항은 다음과 같다(박영권, 2009; 서정순 외, 2021; 한국사회복지사협회, 2017).

- 실습일지는 실습일자, 요일, 시간 기재 및 시간대별로 진행내용과 세부사항을 작성한다.
- 실습생 의견란에는 실습내용을 토대로 배운 점, 의문사항, 건의사항 등을 작성한다.
- 실습지도자 의견란에는 실습지도자가 실습생이 기록한 내용에 대한 의견을 작성한다.
- 실습일지는 매일 기록하고 공식적인 실습지도 시간 전에 반드시 실습지도자에게 제출해야 한다.
- 단순히 실습과정을 나열하는 것이 아니라 어떠한 임무를 했는지, 그것을 통해서 무엇을 배웠는지, 어떠한 생각을 했는지 등 구체적으로 기록해야 한다.
- 자기반성과 지도자의 적절한 조언 등을 통해 실습이 발전적으로 진행되고 있음을 실습일지에서 확인할 수 있어야 한다.
- 사실을 있는 그대로 객관적, 구체적, 논리적, 긍정적으로 간결하게 기록한다.
- 실습생 개인의 감정이나 주관적 의견을 지양한다.
- 사회복지사로서 윤리적 딜레마와 대처 경험도 기록하여 실습지도를 받도록 한다.
- 이용자에 대한 사정과 관찰뿐만 아니라 접근이나 개입과정도 기록하면 좋다.
- 실습지도자의 구두 코멘트가 있다면 빈 공간에 적어 두는 것도 도움이 된다.

- 프로그램에 참여하였을 경우 진행자 또는 보조진행자, 관찰자로서의 진행 과정을 기록한다.
- 이용자에 관한 내용을 기록할 때는 가명 또는 이름의 일부를 생략하여 기록하고 이용자의 사진이 외부로 유출되지 않도록 조심한다.
- 전문용어를 사용하고 숫자, 단어의 사용은 정확하게 기록하며 오탈자가 없도록 주의한다.
- 공식문서이므로 용어선택을 신중하게 하고, 약자, 이모티콘, 인터넷 용어, 구어체 표현 등은 사용하지 않도록 한다.
- 공식적 존칭을 사용하고, 실습 중 직면하는 어려움, 불만사항 등에 대해 중립적이고 공손한 문체로 작성한다.
- 경어체보다는 평어체로 기술하고 과거형으로 기록하는 것이 좋다.
- 실습과 관련된 사진이나 자료를 첨부하여 실습을 자세하게 기록한다.
- 가능한 한 수정펜 사용을 지양한다.
- 실습지도자는 실습일지를 읽고 코멘트 사항이나 평가 결과를 기록해 주어야 한다. 이를 통해 실습생은 부족한 부분을 점검하고 보완하며 실습에 기울인 노력을 확인할 수 있다. 매일 기록하되 성실하게 작성해 주어야 실습생에게 도움이 된다.

4) 실습생의 기본 예절

사회복지현장실습이 본격적으로 시작되면 실습생은 실습기관의 일원으로서 역할과 책임감을 인식하고 업무시간 전반에 걸쳐 기본적인 예절을 지켜야 한다.

〈표 2-15〉 실습생의 기본 예절

구 분	기본 예절
출 근	① 출근시간 20분 전까지 도착하여 간단한 청소, 정리정돈 및 하루의 일과 계획을 점검한다. ② 사무실에 들어서면 상사나 동료를 향해 "안녕하십니까?"라고 먼저 인사한다. ③ 부득이한 사정으로 결근 또는 지각을 했을 경우에는 상사에게 그 사유를 보고한다.
근무자세	① 서로 존중하는 마음과 기관의 규정을 준수하고, 단정하고 예의 바른 집무태도를 갖는다. ② 근무 중에는 책상과 윗몸 사이는 적당히 띄우고 등받이에 기대지 않는 자세로 허리를 곧게 펴는 것이 좋다. ③ 근무시간 중에는 업무와 관련이 없는 책이나 스마트폰을 보는 등 개인적인 일 등은 삼간다. ④ 업무와 관련된 모든 문서의 정리, 분류 및 보관이 밀리지 않도록 한다. ⑤ 개인적인 전화나 잡담을 삼간다. 친구, 친척은 퇴근 후 만나도록 하며 근무 중 방문한 경우는 짧게 끝낸다.
퇴 근	① 문서와 서류는 보관함에 넣고, 컴퓨터, 서류함 등 안전장치를 확인한다. ② 책상 위는 깨끗이 정돈하고 의자는 책상 밑으로 밀어 넣는다. ③ 인수·인계 사항을 확인하고 내일 할 일을 간단하게 기록해 둔다. ④ 퇴근시간 전에 미리 퇴근준비를 하지 않는다. ⑤ 상사나 남아 있는 동료들에게 "먼저 퇴근하겠습니다", "먼저 나가겠습니다", "저 실례합니다" 등 간단한 인사를 잊지 않도록 한다. ⑥ 먼저 퇴근하는 사람에게 "수고하셨습니다", "안녕히 가십시오" 등으로 상호 인사를 나눈다.

〈서식〉 실습기관 - 실습생 출근부

실습생 출근부

ㅁ 성명 : 긴급연락처 : 전자우편 :

월 일	출근시간	퇴근시간	실습생 확인	실습지도자 확인	지각, 조퇴, 결근여부	사유

* 기입요령 : 출근시간, 퇴근시간 표시, 퇴근 시 실습생 및 실습지도자가 확인하며, 지각, 조퇴, 결근 시 그 사유를 함께 기록함

〈서식〉 실습생 - 실습일지

<table>
<tr><td rowspan="2">실습일</td><td colspan="3" rowspan="2">년 월 일 요일</td><td rowspan="2">결
재</td><td>실습생</td><td>실습지도자</td></tr>
<tr><td></td><td></td></tr>
<tr><td rowspan="2">실습
일정</td><td>실습부서</td><td></td><td colspan="2">오늘의 목표</td><td colspan="2"></td></tr>
<tr><td colspan="6"></td></tr>
<tr><td>실습
내용</td><td colspan="6"></td></tr>
<tr><td>실습생
의견</td><td colspan="6"></td></tr>
<tr><td>실습지도자
지도사항</td><td colspan="6"></td></tr>
</table>

[예시] 실습일지

<table>
<tr><td rowspan="2">실습일</td><td colspan="3" rowspan="2">20○○년 ○월 ○일 ○요일</td><td rowspan="2">결
재</td><td>실습생</td><td>실습지도자</td></tr>
<tr><td></td><td></td></tr>
<tr><td rowspan="2">실습
일정</td><td>실습부서</td><td>지역조직팀</td><td colspan="2">오늘의 목표</td><td colspan="2">선배사회복지사와의 만남</td></tr>
<tr><td colspan="6">09:00 ~ 10:00 - 조별 모임 및 슈퍼바이저 미팅
10:00 ~ 12:00 – living library(선배사회복지사와의 만남)
13:00 ~ 15:00 – 사회복지기관의 자원개발 실태와 확대, 유지방안
15:00 ~ 16:00 – 경제적 어려움을 겪는 가정의 아동 · 청소년 심리적 특징과 복지 개입방안
16:00 ~ 17:00 – 작은 박스집이 실내놀이터가 되기까지
17:00 ~ 18:00 – 과제 및 실습일지 정리(개별)</td></tr>
<tr><td>실습
내용</td><td colspan="6">1. Living Library
- 업무적인 약속은 신뢰의 문제이기 때문에 반드시 지키는 것이 중요함
- 도전은 현재 자신이 하는 일에서 다르게 시도해 업무능력을 올리거나 이전과 같은 일을 할 때 시간을 절약하면서 조금씩 단계를 올리는 것이다.
- 감정컨트롤 : 취미생활로 부정적인 생각을 환기시키는 방법이 있음
- 할 수 있는 것과 할 수 없는 것을 구분하고 통제하는 것이 불가능하면 다른 것을 하는 과제분리가 필요함
- 관장님이 '인생은 속도가 아닌 방향이다'라는 말을 인용하여 말했다. 본인도 조금 느리더라도 자신의 방향을 제대로 찾아가는 것이 중요하다고 생각함

2. 사회복지기관의 자원개발 실태와 확대, 유지 방안
- 자원개발 업무는 컨트롤의 개발과 후원자 관리에 대해 끊임없이 고민하고 집중하는 것
- 자원개발이 어려운 이유는 대중들의 경제적 어려움과 무관심, 기부단체에 대한 대중들 불신, 자원개발에 집중할 수 없는 내부적인 근무환경에 있다. 본인도 예전에는 기부단체에 대한 불신이 있었다.
- 자원 유지 방법에는 후원자에게 후원금의 사용처와 후원 이후의 변화점을 잘 명시하고 후원자가 궁금해하는 것을 전달하여 후원을 유지 및 확대하는 것이다.</td></tr>
<tr><td>실습생
의견</td><td colspan="6">• 아동권리에서 아동에게 욕을 들었을 때 자연스럽게 받아들여야 하며, 받아들이지 않으면 권리 침해에 해당된다는 것을 알게 됨. 욕을 한 아동에게 어떻게 대처해야 하는지 질문함 – 감정을 절제하고 일 대 일로 독대하여 왜 욕을 했는지 이유를 물어본다는 답을 들음
• 질문 : 3단지 어르신들은 정적인 활동을 선호한다고 들었음. 3단지에 사는 사람들의 다른 특징에는 무엇이 있는가?</td></tr>
<tr><td>실습지도자
지도사항</td><td colspan="6">- 3단지의 어르신이 정적이진 않아요. 노화의 과정이라고 보면 됩니다. 마을 주민의 분위기를 만드는 것도 복지관의 역할이 큽니다. 관리사무소, 복지관, 주민자치회 등의 역할이 필요하죠. 노인이 많아도 다양한 프로그램을 통해 동적인 분위기가 만들어지기도 합니다.
- 아동의 문제행동에 있어 공개적인 자리에서 훈계를 하는 행동은 좋지 않겠죠. 그런데 보통 사회복지사들이 그런 상황에서 감정적으로 아이를 꾸짖는 경우가 있어요. 그러면 안 됩니다. 차분히 아이에게 그걸 알려주고 가르쳐야겠죠.</td></tr>
</table>

〈서식〉 실습기관 – 실습지도 기록서

실습지도 기록서

○ 실습지도자 :

○ 실습생 :

일시	실습지도 내용	비고

〈서식〉 실습생 – 실습기관 분석 보고서

실습기관 분석 보고서

실습생명		기관명	
기관주소	(전화 :)		
기관소개자	(부서 : 직책 :)		

1. 기관의 역사
(1) 기관 설립동기 및 설립목적
(2) 기관 사업의 역사적 변천
(3) 기관 역사에 대한 실습생의 평가
2. 기관의 목적

3. 기관의 주요 사업 및 프로그램
(1) 클라이언트 및 대상 지역
(2) 주요 사업
(3) 서비스 전달체계
(4) 기관의 대상층 및 주요 사업에 대한 실습생의 평가
4. 기관의 행정사항
(1) 기관의 조직구조
(2) 예산, 후원 및 지원 사항
(3) 기관의 행정구조와 예산 사용 및 후원에 대한 실습생의 평가
5. 기관이 속한 지역사회, 물리적 환경의 특징
(1) 지역사회
(2) 물리적 환경(시설, 공간 등)
6. 사회복지기관으로서 지역 내 타 기관들과의 연계
(1) 관계유형 및 내용
(2) 기관의 타 기관과의 관계유지에 대한 실습생의 평가
7. 기관의 특별한 면이나 전반적인 사항에 대한 인상이나 느낌

4. 사회복지현장실습 중기단계

실습 중기단계의 실습지도자의 주된 역할은 사회복지 현장에서 요구되는 지식과 기술을 구체화하면서 실습생이 전문가로서 효능감을 가지고 실습에 임할 수 있도록 돕는 것이다. 초기단계의 실습지도 과정에서 파악된 실습생에 관한 내용을 토대로 실습에서 요구되는 지식과 기술을 지속적으로 보완하도록 하며, 실습생이 수행한 과업에 대한 긍정적인 피드백을 통해 업무에 자신감을 가질 수 있도록 도와야 한다. 또한 실습생의 실습지도자에 대한 의존도를 조금씩 줄여나가도록 해야 한다. 여러 실습생이 함께 실습을 수행할 경우, 동료 실습생 간 역할 분담으로 인한 갈등상황은 없는지, 업무와 관련하여 부담이나 스트레스는 없는지, 그리고 클라이언트와 전문적인 관계를 유지하면서 윤리적인 실천의 노력을 하는지, 대상자에 대한 이해는 충분한지, 실습지도에 대한 건의사항은 없는지 등을 확인하면서 실습생이 성장할 수 있도록 지도감독해야 한다.

실습중기단계는 과제물과 각종 기록의 제출이 왕성한 단계이기 때문에 기록과 제출된 과제물을 근거로 슈퍼비전을 제공하면서 실습생의 부족한 지식과 기술을 보완하므로 실습생이 성장할 수 있도록 한다. 기록물에 대한 슈퍼비전은 실습생이 작성한 기획서, 레코딩, 일지 등에 코멘트를 중심으로 이뤄질 수 있으며, 이때 사안에 따라서 개별슈퍼비전과 집단슈퍼비전을 병행하여 활용할 수 있다.

중기단계에서 행해지는 주요 내용 중 하나는 실습 1/2 시점에서 그 동안의 실습내용과 과정에 대한 실습생의 평가를 통해 이후 실습의 발전적인 방향을 모색하는 실습중간평가이다. 또한 교육기관과 의사소통이 행해지는 적절한 시기가 중기단계이기도 하다(한국사회복지사협회, 2017).

〈표 2-16〉 실습중기단계의 내용

단계	주요 내용	과제물	활용양식
중기 단계	• 클라이언트(개별, 집단)의 욕구 파악을 통한, 프로그램 기획 및 실행 • 개별대상자에 대한 사정과 개입계획 작성 및 레코딩 • 타 기관 방문 • 사회조사 : 지역조사, 욕구조사	• 과정참여보고서 • 프로그램 계획서 • 프로그램 평가서 • 중간평가서 • 기관방문보고서 • 사회조사보고서	과정참여보고서, 프로그램 계획서, 프로그램 평가서, 중간평가서, 사례관리양식, 계획서, 진행일지, 집단지도양식, 사회조사양식, 기관방문보고서, 사회조사보고서

출처 : 한국사회복지사협회(2017).

1) 중기단계 실습지도자의 역할

중기단계에서의 실습지도자의 역할은 중간평가에서의 역할, 기능에 따른 슈퍼비전, 유형에 따른 슈퍼비전이 있다. 중간평가와 관련한 실습지도자의 역할은 다음과 같다.

첫째, 실습목표와 관련된 실습내용 및 역할에 대한 평가를 한다. 실습 초기단계에서 수립했던 실습목표를 점검하고, 중간 시점까지 수행한 실습내용 및 역할을 요약하고 평가하며, 평가를 토대로 향후 계획을 기술하게 한다. 둘째, 실습지도자는 실습생의 실습에 임한 태도와 노력 여부를 객관적으로 평가하기 위해 노력해야 한다. 셋째, 실습지도자는 최종 평가를 염두에 두고, 실습생이 실습을 통해 배운 방법론과 경험을 구체적으로 고민할 수 있도록 도와준다. 넷째, 실습생에게 필요한 지식과 기술에 대해서 객관적으로 평가할 수 있어야 한다. 다섯째, 실습지도자는 실습생이 어려웠던 점을 비난하지 않아야 하며, 수용적인 자세를 유지해야 한다. 여섯째, 실습지도자는 실습생의 의견을 실습 총괄 슈퍼바이저와 기관에 전달하여 사회복지현장실습이 발전할 수 있도록 해야 한다(임정문 외, 2021).

〈표 2-17〉 슈퍼비전 기능에 따른 역할(중간단계)

기 능	역 할
행정적 기능	• 업무할당의 적절성 평가와 조정 • 클라이언트 중재 • 의사소통 촉진 • 실습대학 연결
교육적 기능	• 클라이언트에 대한 윤리적 이슈 논의 • 리코딩 피드백 • 지식과 기술 증진
지지적 기능	• 강점 확인과 인정 • 실습초기 성과에 대한 긍정적 피드백 • 소진방지와 만족감 증진

〈표 2-18〉 슈퍼비전 유형에 따른 역할(중간단계)

유 형	역 할
개별 슈퍼비전	• 실습생 개인별 실습목표의 방향을 점검함 • 실습일지에서 초기단계에서의 일지와 슈퍼비전을 통해 성장한 부분들을 비교하여 제시함 • 실습생 개별에 대한 관심(실습생이 가지고 있는 현장에 대한 고민, 동료실습생 간의 관계에서의 고민 등)이 필요함 • 실습 최종단계를 준비할 수 있도록 도움
집단 슈퍼비전	• 실습생 간 역동에 대해서 살핌 • 팀워크를 잘 나타낼 수 있도록 개인별 강점을 발견하도록 돕고, 지지하며, 권한을 주는 것에 초점을 둠

2) 중간평가

중기단계에서 실습 전반에 관한 사항을 점검하고 평가하는 과정인 중간평가를 통해 초기단계에 설정된 실습목표 달성 정도와 과정을 분석하고 필요시 목표의 조정과 조율이 이루어지는 공식적인 과정이다. 중간평가는 실습생이 작성하고 발표한 실습중간평가서를 바탕으로 실습지도자와 동료 실습생들이 상호 피드백을 나누는 방식으로 이루어진다. 실습중간평가서는 실습목표와 관련된 실습내용 및 역할에 대한 평가, 실습에 임한 자세 및 노력,

실습을 통해 배운 점, 앞으로 더 필요한 지식과 기술, 실습에서 어려웠던 점, 기관 및 실습지도에게 건의할 점 등을 내용으로 한다.(〈서식〉 실습생 – 실습중간평가서 참조) 중간평가는 실습생과 실습지도자 모두에게 이후 현장실습 단계를 효과적으로 진행하는 데 도움을 준다.

실습중간평가서를 작성하기에 앞서 실습생과 실습지도자가 함께 점검할 사항은 다음과 같으며(안정선 외, 2010), 중간평가를 위한 점검표를 미리 작성하여 공식적이고 세부적으로 평가해 보는 방법도 있다.

- 실습계획서 또는 계약서에 비추어 실습은 목적에 맞게 운영되고 있는가?
- 실습목표 달성도는 어떠한가?
- 실습계획서 일정대로 추진되고 있는가?
- 이대로 진행하면 실습의 목표를 달성할 수 있을 것인가?
- 행정적, 교육적, 지지적 슈퍼비전의 구성비는 어떠한가?
- 실습생에게 더 필요한 부분은 어느 부분인가?
- 실습지도자와 실습생과의 관계는 긍정적인가?

〈표 2-19〉 중간평가를 위한 점검표

영 역	세부목표	목표성취전략	평가방법	점수
전문적 발달	1. 2. 3.			
행정적 측면	1. 2. 3.			
지역사회 · 정책	1. 2. 3.			
기본적 대인관계	1. 2. 3.			

클라이언트체계 개입	1. 2. 3.			
계				100점

〈작성요령〉
- 세부목표는 각 영역당 세 가지를 넘지 않도록 한다
- 목표성취 전략은 세부목표 한 가지당 두 가지 이상을 넘지 않도록 하여 구체적으로 기입한다.
- 평가방법은 측정 가능하며, 실현 가능한 방법을 기록한다.
- 점수는 전체 총점이 100점을 넘지 않도록 하는 것이 좋다.

출처 : 안정선 외(2010), p. 129 〈표 4-1〉 중간평가를 위한 점검표 재구성.

3) 사례관리

(1) 사례관리의 개요

사례관리는 오늘날 선진복지국가의 사회복지 분야에서 가장 인기 있는 사회복지 서비스 전달방식의 하나로 등장하고 있는데 그 이유는 복합적이고 다양한 욕구를 가진 복지 대상자에 대하여 면밀한 사정과 사례 계획을 바탕으로 지역사회의 공식적 또는 비공식적인 자원을 활용하여 서비스를 전달하고 이를 종합적으로 점검 및 관리함으로써 비용효과적인 서비스 제공이 가능하기 때문이다. 이러한 사례관리가 전통적 사회사업 또는 사회사업실천과 다른 점은 기관의 서비스와 프로그램에 기초한 서비스 제공이기보다는 클라이언트의 욕구에 보다 초점을 두어 기관의 범위를 넘어서 지역사회 차원의 적극적이고 전향적인 서비스 제공과 점검을 강조한다는 것이다. 사례관리는 사회사업방법론의 종주국이라 할 수 있는 미국에서 19세기 후반부터 시작되어 그동안 꾸준히 개발되어 최근 전 세계 복지국가로 빠른 속도로 전파되고 있으며(황성철, 1995), 1990년대 이후 한국에서도 노인복지, 장애인복지, 정신건강 분야 등에서 도입하여 클라이언트에게 필요한 도움을 통합적으로 제공하고자 노력하고 있다.

한국의 사례관리는 1990년대 사회복지학과 간호학 분야에서 관심을 받기 시작하였다(장인협 · 우국희, 2001 : 3). 1990년대는 한국의 사회복지 방향이 지역사회복지 중심으로 전환되고, 재가복지서비스에 대한 확장이 이루어졌던 시기이다. 이에 따라 사례관리는 재가복지서비스 제공을 위한 핵심적인 방법으로 자리 잡게 되었다. 또한 정신건강영역에서도 사례관리의 중요성이 인식되어 1995년 제정된 정신보건법에서 사례관리가 필수사업의 하나로 지정되었다. 사회복지관의 경우에는 소년 · 소녀 가장 지원을 위한 경우와 재가복지서비스 대상자, 예를 들어 장애인이나 노인을 대상으로 사례관리의 적용에 대한 노력이 활발하게 이루어지고 있다.

(2) 사례관리 실천현장별 현황

① 공공부조와 사례관리

한국의 대표적 공공부조 정책인 국민기초생활보장제도의 주 업무를 담당하고 있는 사회복지전담공무원들은 수급 대상자들에게 상담과 지도를 통하여 그들의 자립역량을 고취하고 문제가 되는 의식 및 태도를 변화시키는 한편, 관련 의료기관 및 보건소와 인근 복지기관에 필요한 서비스를 받도록 의뢰 및 알선활동을 하여 지역사회의 공식적 또는 비공식적 자원을 활용하는 등 다양한 대인복지서비스를 제공하고 있다. 이러한 활동은 전통적인 개별사회사업의 형태를 띠고 있지만 사회복지전담공무원이 클라이언트의 문제해결을 위한 직접적인 서비스인 상담과 간접적인 서비스 전달의 일종인 지역사회의 공식적 · 비공식적 자원 활용과 연계서비스를 제공하고 있다는 점에서 부분적으로 사례관리의 실천방법의 기능도 어느 정도 수행하고 있다고 볼 수 있다.

그러나 사회복지전담공무원들이 국민기초생활보장제도 수급자들에게 전문적인 대인복지서비스를 제공하는 정도는 크지 않고 제공하는 서비스의 질적 수준도 낮은 편인데 그 이유는 업무환경적인 측면에서 읍·면·동장 등의 상사와 동료공무원의 이해 부족, 과도한 담당사례 수와 타 업무 수행으로 인해 대인복지서비스를 제공할 시간적 여유를 갖지 못하는 것과, 수급자의 욕구충족을 위해서 활용해야 할 지역사회자원 및 의뢰기관의 부족, 그리고 전문적인 서비스를 제공할 만한 충분한 지식과 기술을 갖추고 있지 않은 것을 들 수 있다. 이로 인해 사례관리 실천방법의 특성 중 하나인 소비자 중심적 서비스전달이 어려운 상태이다.

② 사회복지관과 사례관리

정부는 사회적 취약계층에 대한 사회복지서비스를 확충하는 정책의 일환으로 1983년 개정된 사회복지사업법을 근거로 1989년 사회복지관 설치 및 운영규정을 제정하여 저소득층 밀집지역에 사회복지관 설치를 확대하는 사업을 추진해 왔다. 지역사회복지관은 지역주민의 욕구파악 및 평가, 주민의 성장과 자립을 위한 종합복지서비스의 제공, 지역사회통합의 매개역할, 지역사회 잠재자원의 발굴 및 활용, 주민을 위한 사회교육의 매개기능을 담당함으로써 기본적인 서비스 전달망을 구성하도록 되어있다(보건복지부, 2005).

사회복지관이 수행하는 이러한 사업들과 관련하여 지역사회, 주민 그리고 정부에 대하여 책임성을 확보하고 그 사업들의 근본 목적을 달성하기 위하여 효과적이고 전문적인 사업을 추진해야 한다는 것은 향후 한국의 사회복지관의 발전에 관한 지향점을 제시할 뿐만 아니라 그것이 곧 사례관리 기법을 도입하고 실천해야 하는 필요성의 근거로 작용하기도 한다. 왜냐하면 사례관리 기법은 복합적인 문제나 욕구를 갖는 복지대상에 대해 지속적으로 다양한 서비스를 제공해 주는 전문적이고 효과성이 입증된 하나의 새로운 서비스 전달방식으로 간주되기 때문이다.

그러나 복지관을 비롯한 지역의 비영리 민간서비스기관들은 부족한 정부지원금과 단위사업별로 운영되는 업무형태로 인해 지역사회의 욕구에 체계적으로 대응하며 지역복지서비스 전달의 주체로서 기능하는 데 한계를 보인다. 다양한 서비스의 제공과 효율적인 자원관리를 위해 많은 지역복지기관에서 사례관리를 도입하고 있으나, 기관별로 이루어지는 사례관리는 지역 내의 서비스 통합과 자원조정을 효율적으로 유지하는 수준까지 확대되지 못하고 있다(홍선미, 2006 : 134).

③ 재가복지사업과 사례관리

재가복지사업은 가정에서 보호를 요하는 장애인, 노인, 소년소녀가장, 편부모가정 등 가족기능이 취약한 저소득 소외계층을 주된 대상으로 하여 가사, 간병, 정서, 의료, 결연 등의 서비스를 제공해 주는 것을 목적으로 하고 있다. 통합적인 기능의 사례관리 프로그램을 실시하는 주요 실천현장인 재가복지봉사센터는 주로 복지관 부설로 설치·운영되고 있으며, 인근 지역 내에서 가정방문 및 각종 서비스지원활동을 통해 가정에서 보호를 요하는 장애인, 노인, 가족기능이 취약한 한부모가정이나 저소득 빈곤가정에 가사, 간병, 정서, 의료서비스와 탁아, 기능훈련, 취업알선 등을 포함하는 자립지원서비스를 다양하게 제공하고 있다. 또한 봉사센터는 기관 내에서 제공 가능한 서비스 외에도 타 복지지원체계(지역 내 보건소, 국·공립병원, 민간 병·의원 등 의료기관, 지역 내 서비스기관과 각종 사회단체, 사회복지수용시설 등) 및 일선 행정기관과 연계하도록 되어있다. 복지서비스가 원활하고 체계적으로 수행될 수 있도록 재가복지봉사센터와 타 사회복지서비스 체계와의 연계에 필요한 행정조치와 협조를 시·군·구에서 받으며, 타 기관과 연계체계를 유지하기 위한 지역사회복지협의체 등의 실무협의에도 적극 참여하도록 되어있다(보건복지부, 2005).

④ 정신건강사업과 사례관리

정신건강복지센터는 지역사회기반의 서비스기관임에도 불구하고 정신건강이라는 전문분야의 욕구를 중심으로 사례관리를 실시하는 기관이다. 정신건강복지센터의 사례관리는 필수 사업으로 지정되어 있다. 전문기관의 특성을 반영하여 현재 정신건강복지센터를 중심으로 운영되는 사례관리는 지역사회보호체계의 효과적인 운영을 위한 전문성보다는 정신보건 분야의 임상적 지식과 기술이 강조되고 있다. 그러나 정신장애인은 정신장애로 인한 개인의 부적응 문제 이외에도 가족이나, 지역사회, 사회와의 상호작용 속에서 어려움을 경험하기 때문에 정신장애의 증상관리나 재활과 관련된 욕구 이외에도 정신장애인이 갖는 교육, 건강, 직업, 주거, 복지를 포함하는 다양한 욕구를 갖는다. 이상적으로는 정신보건서비스와 사회적 서비스를 포괄하는 통합적인 보호관리체계 내에서 다양한 서비스 제공주체들이 역동적으로 협력과 연계 구조하에서, 지역 내 서비스 기관들 간의 조정과 중개를 주요 역할로 삼으며 자원의 개발과 연계를 담당하는 사례관리자의 역할이 수행되어야 한다. 그러나 다른 학문적 배경과 경험을 가진 전문인력이 사례관리의 주체로서 공통의 업무를 수행하도록 되어있기 때문에 체계적이며 환경적인 접근에 관한 지식과 정신장애인의 다양한 삶의 영역에 총체적으로 개입하는 데 필요한 사회복지실천기술의 활용도가 떨어질 수밖에 없다. 또한 정신보건서비스와 사회적 서비스를 포괄적으로 제공하기 위한 인프라의 구축과 지역단위의 사회복지 서비스체계와의 의뢰체계가 명확하지 않다는 한계로 지역사회기반의 포괄적인 서비스 체계 속에서 기능하지 못하는 한계가 있다.

전문기관에서 통합적 모델에 기초한 사례관리를 적용하는 데 발생하는 문제는 정신건강 분야뿐 아니라 특수한 서비스 욕구와 포괄적인 복지 욕구를 동시에 가진 대상자에게 서비스를 제공하는 많은 지역사회기관에서 공통적으로 제기될 수 있다. 즉, 보호의 연속성과 서비스의 통합성을 강조하며 지역사회 내의 공식적·비공식적 서비스와 자원의 조정과 연계기능을 수행하는 사례관리가 특수한 목적을 중심으로 운영되는 전문화된 기관에 적용될 수 있는 가능성과 범위가 명확하지 않기 때문이다.

사례관리는 체계적인 지역기반의 서비스 전달망을 중심으로 서비스 수요자의 복합적인 욕구를 체계적이며 통합적으로 관리하는 목적을 갖는다. 전통적인 서비스 제공방식에 효과적이지 않던 클라이언트 집단의 변화를 위한 접근방식으로 사례관리가 등장하면서 이에 대한 실천현장의 욕구는 급격히 증가하고 있다. 그러나 지역 내 보호체계나 통합적 서비스의 관리주체가 뚜렷하지 않으며 개별 기관 중심의 단절적인 서비스가 주를 이루는 한국의 사회복지실천현장의 특성과, 사례관리 프로그램과 전달 인력에 대한 체계적인 교육과 훈련 부족은 사례관리 적용에 한계점이 될 수도 있다(이해령, 2005 : 27). 이러한 한계점을 극복하기 위해 한국의 실정에 맞는 사례관리모델 도입과 실천을 위한 폭넓은 연구와 함께 서비스 제공을 위한 제도와 전문인력의 확충, 그리고 서비스전달체계가 확립되도록 노력해야 할 것이며, 예비사회복지사인 사회복지현장실습 실습생들에게 사례관리에 대한 교육과 훈련을 경험시킬 필요가 있다.

(3) 사례관리 개입과정

사회복지현장실천에서 사례관리를 적용할 때 진행되는 일련의 과정은 학자마다 약간의 차이는 있으나 공통적으로 사례발견과 접수, 클라이언트의 욕구와 자원에 관한 사정, 목표설정과 개입계획 수립, 서비스 계획 실행, 점검 및 재사정, 평가 및 종결의 순서로 진행된다.

① 사례발견과 접수

사회복지사는 사례관리를 통하여 도움을 받을 수 있는 대상을 찾아 사례에 개입한다. 사례관리 필요 여부 파악을 위해 대상자의 환경과 자원들을 개략적으로 심사한다. 초기 접수를 통해 확인된 문제들은 향후 사례관리의 결과를 추정할 수 있는 기준이 되므로 이 단계의 적절한 파악이 필요하다.

② 욕구와 자원 사정

사례관리의 사정은 클라이언트 본인과 클라이언트를 둘러싼 환경을 이해하기 위한 과정이다. 사정단계에서 사례관리자는 클라이언트의 의료적 욕구, 자기케어 능력, 영양상태, 간접 지지자원의 역할, 환경적 문제상황, 정서·심리상황, 응급상황 대처능력, 사회활동 정도, 재활 가능성, 사례관리가 필요한 정도 등을 파악하여야 한다(손병덕 외, 2014).

③ 목표설정과 개입계획 수립

사회복지사는 클라이언트의 욕구와 자원 사정이 끝나면 파악된 문제들을 해결하기 위한 목표와 개입계획을 세운다. 계획은 문제해결을 위한 목표를 진술하는 방식으로 작성하되, 목표를 달성하기 위한 직·간접적인 방법과 클라이언트의 욕구를 최대한 반영하는 구체적인 계획들이 포함되어야 한다. 계획 내용에 포함된 서비스들은 최대한 자세히 진술되어야 하고, 클라이언트와 사회적 지지자원들의 사용 방법에 관해서도 기술되어야 한다. 또한 이상적인 서비스 계획의 개발은 사례관리와 관련된 모든 전문가들이 같이 참여하는 것이 바람직하다. 계획은 장단기적으로 수립하되 결과가 평가될 수 있는 형태로 계획되어야 한다(손병덕 외, 2014).

④ 서비스 계획 실행(개입)

사례관리의 서비스 계획 실행단계는 클라이언트가 양질의 서비스나 원조를 받을 수 있도록 실행하는 과정으로 서비스를 선별하여 이를 조정한다. 개입은 크게 두 가지로 나누어 볼 수 있는데 첫째는 사례관리자가 자신이 제공하는 직접 서비스가 계획대로 잘 시행되도록 하는 경우이고, 둘째는 외부자원 획득을 통한 간접서비스 제공으로 타 기관이나 다른 사람에 의해 서비스가 적절히 유지되고 있는지에 대하여 확인하는 것이다(석말숙 외, 2022). 서비스의 연계와 조정은 사례관리의 핵심서비스라고 할 수 있으며, 지역에서 제공 가능한 서비스 자원을 잘 파악하고 있는 사회복지사가 서비스연계와 조정의 핵심역할을 하게 되므로 사례관리를 담당하고 있는 사회복지사가 지역 내 여러 서비스 전문가들과 조력하거나, 제공되고 있는 서비스를 조정하는 역할을 한다(손병덕 외, 2014).

⑤ 점검 및 재사정

점검 및 재사정 단계는 서비스가 계획대로 잘 전달되고 있는지를 확인하고 클라이언트의 상태에 따라 계획을 수정하는 단계이다. 이 단계에서는 계획된 서비스의 전달 정도, 서비스와 지원 계획의 목표성취 정도, 서비스와 사회적 지지의 산출 정도, 클라이언트의 욕구 변화 점검, 서비스 계획의 변화 여부 검토 등이 이루어진다(석말숙 외, 2022).

⑥ 평가 및 종결

사례관리의 평가단계는 클라이언트에게 제공된 서비스, 클라이언트의 긍정적 변화, 보호계획, 서비스 활동 및 서비스체계의 효과성과 효율성을 종합적으로 판단하여, 사례관리의 전문적 판단에 근거하여 클라이언트에게 더 이상 서비스가 필요하지 않을 때 사례관리의 과정을 종결하는 단계이다(신성자, 2007). 서비스 종결의 사유는 다양한데 원래 계획한 목표가 달성되었거나, 클라이언트가 더 이상 서비스를 원하지 않거나 비협조적일 때, 또는 클라이언트의 이주나 사망이 그 원인이 될 수도 있다.

〈표 2-20〉 사례관리 실천과정과 사례 적용 예시

〈사례〉
• 철수는 16세 소년가장으로 중학교 1학년의 남동생과 영구임대아파트에 거주하고 있음 • 아버지는 자살하고 어머니는 뇌출혈로 사망하여 두 형제만 살고 있음 • 가장인 철수는 비행청소년으로 보호관찰을 받고 있으며, 중학교 3학년을 중퇴하고 음식점 배달 일을 하며 생활하고 있음 • 최근 철수가 살고 있는 영구임대아파트 주민들이 철수 집에서 밤마다 남녀 아이들이 몰려다니며 혼숙, 술과 담배를 하고 복도에서 소변을 보는 등 주변 환경을 해친다고 연대 서약을 해서라도 내쫓으려 준비 중임 • 사회복지사에게 민원이 들어 옴

구분	실천과정	사례 적용
사례발견과 접수	• 클라이언트 혹은 가족에 의한 기관방문, 타 기관으로부터 의뢰, 사례관리자가 지역사회로 클라이언트를 찾아나서는 아웃리치를 통한 사례 개발 및 접촉 • 개략적인 클라이언트의 욕구 파악과 서비스제공의 적합성을 결정하는 사전 적격 심사를 통해 클라이언트로 확정, 서비스를 제공할 것을 약속·계약 과정	• 지역사회 주민의 민원으로 사회복지사가 가정방문을 통해 클라이언트를 처음 접촉 • 초기 면접을 통해 미성년인 철수 형제만 생활하고 있는 집의 주거 상태와 클라이언트의 상태, 경제적 상황, 지지망으로서의 가족과 친척, 친구에 대한 정보를 수집하고, 지역주민과 클라이언트의 욕구 파악
욕구와 자원 사정	• 사례관리서비스를 제공하기로 결정한 클라이언트를 대상으로 그들의 복합적인 욕구, 현재의 기능, 장점과 잠재 능력, 공식·비공식 지원체계에 대한 보호능력 등에 관한 전반적인 자료 수집 및 종합적 분석 과정 • 클라이언트의 가치와 이익에 부합되는 해결방안과 클라이언트와 관련 체계와의 관계에 관한 사항들을 검토하고, 사례관리 과정에서 사례관리자의 서비스에 대한 관여의 수준과 본질, 서비스 전달의 양과 질을 결정하는 과정	• 가정방문을 통해 클라이언트의 일상생활 및 학교생활, 경제적 상태, 대인관계, 가족과 친척의 보호 능력, 클라이언트의 장점과 잠재능력, 생활변화를 가로막는 장애 요인 등 분석
목표 설정과 개입 계획 수립	• 클라이언트에 대한 장·단기 목표를 설정하고, 목표달성을 위한 가장 적절한 해결방안 모색을 위해 클라이언트에 대한 개별적 보호계획 수립 과정 • 클라이언트를 위해 제공되는 서비스에 대한 청사진을 작성하는 것으로, 서비스 제공을 위한 세부 목표와 우선순위를 설정하고 이러한 목표에 상응하는 활동과 서비스를 개발하고 계획화하는 지적 과정	• 민원의 해소 : 친구들과의 관계 재설정 • 경제적 문제 해결 : 취업, 후원 • 가사문제 해결 : 가사도우미 원조 • 가족 및 친척과의 관계 재정립 : 긴밀한 관계 유지 • 학력에 대한 문제 : 복학, 검정고시 등 • 직업에 대한 문제 : 직업훈련을 통한 기술습득, 직장 알선 등

서비스 계획 실행	• 개입은 사례관리자가 클라이언트와 클라이언트를 둘러싸고 있는 환경, 그리고 클라이언트와 환경 간의 상호작용을 변화시키기 위해 직·간접 서비스를 제공하는 과정 • 조정은 클라이언트와 그가 필요로 하는 서비스를 연결하고, 개입을 통해 서비스의 획득과 활용에서의 장애를 극복하며, 적절하게 서비스를 배치하고 정리하는 과정	• 주위 민원의 해소 : 클라이언트의 집에 놀러오는 아이들의 귀가 시간, 혼숙 금지 등 한계 상황 설정, 주민과 통장에게 문제 발생 시 사회복지사에게 연락할 것을 부탁 • 경제적 문제 : 후원자 연결, 클라이언트의 월급관리, 소비 습관 변화, 클라이언트와 함께 저축을 통한 미래 계획 세우기 • 가사문제 : 정서 및 가사 후원을 위한 후원자 연결 • 가족 및 친척관계 재정립 : 클라이언트의 가족 내 폭력 금지, 클라이언트의 친척 연락, 정기적 방문 • 학력문제 : 클라이언트의 복학 거부로 검정고시 학원 모색, 사회복지관 내 검정고시 프로그램 등록, 직업훈련 시작 • 직업문제 : 음식점 배달, 주유원 등의 일을 하다가 기술을 배우겠다고 클라이언트가 희망하여 직업 훈련으로 요리를 배워 음식점 주방장으로 취업
점검 및 재사정	• 점검은 보호 계획이 적절하게 실행되고 있는가, 클라이언트에게 제공되는 서비스가 필요하고 적절한가, 그리고 클라이언트의 지원체계가 서비스 제공과 지지의 역할을 제대로 수행하고 있는가를 클라이언트와의 전화통화, 가정방문, 서비스 담당자와의 통화 및 회합을 통해 추적하고 감독하는 과정 • 점검을 통해 클라이언트가 공평하게 서비스를 받지 못하거나, 부당하게 적절한 서비스를 받지 못하는 것을 발견할 경우 사례관리자는 클라이언트의 이익을 주장하고 적절한 서비스를 받을 수 있도록 재사정하고 보호함	• 사례관리자는 철수 형제와의 지속적 만남과 전화통화를 통해 이들의 욕구와 문제를 해결하기 위한 서비스가 제공되고 있는지를 점검함. 또한 철수 형제가 살고 있는 아파트의 이웃 주민, 통장, 관리사무소 직원과의 통화를 통해 이들의 생활상과 문제에 대해 점검함 • 민원 해소 : 클라이언트에 대한 지속적 방문과 설득, 지역 주민에게 이해를 구하여 더 이상의 민원은 발생하지 않음 • 경제적 문제 : 저축생활과 소비성향에 대해 사회복지사가 클라이언트와 함께 관리 • 가사문제 : 후원자의 가사지원이 있으나, 클라이언트의 가사활동에 대한 습관은 미해결 • 가족 및 친척과의 관계 : 호전을 보임, 중요 친척들과 지속적 만남 • 학력 문제 : 중학교 졸업 자격 획득, 고등학교 과정 검정고시 준비 중 • 직업문제 : 직업훈련에서 요리 기술을 배워 음식점 주방장으로 취업

<table>
<tr><td>평가 및
종결</td><td>• 평가는 클라이언트에게 제공된 서비스, 클라이언트의 진척 상황, 보호계획, 서비스 활동 및 서비스 체계의 효과성과 효율성을 종합적으로 판단하며, 사례관리의 전문적 판단에 근거하여 클라이언트에게 서비스가 더 이상 필요하지 않을 때 사례관리의 과정을 종결하는 단계. 이것은 사례관리의 효과성과 효율성 분석을 통하여 환류를 제공하고 보호 계획, 프로그램 및 서비스 체계 수정의 중요한 수단이 됨</td><td>• 소년소녀가장세대에 대한 개입으로서 사례관리자가 미성년인 클라이언트의 보호자 역할을 수행하면서 동시에 클라이언트의 자기결정을 존중하고 사회복지사에 대한 의존심을 조장하지 않도록 유도하는 데 어려움이 있었다. 곧 성인이 될 클라이언트가 사례관리자에게 의존적이지 않도록 주의하며 스스로 판단하고 결정하며 행동하게 하여 미성년자에서 성년자로 자리를 옮기도록 돕고 있음</td></tr>
</table>

출처 : 신성자(2007). 사회복지실천기술론, p. 210 〈표 3-6〉 사례관리 실천과정과 사례적용 재구성.

〈표 2-21〉 공공사례관리 예시(희망복지지원단 통합사례관리)

<table>
<tr><th>절차</th><th>주요 내용</th></tr>
<tr><td>통합사례관리 절차</td><td>대상자 발굴, 초기상담, 대상자 접수, 욕구 및 위기도 조사, 사례회의, 대상자구분·선정, 서비스제공계획 수립, 서비스제공 및 점검, 종결, 사후관리
총 10단계로 구성되어 있으며, 희망복지지원단은 읍·면·동에서 초기상담 후 의뢰된 사례관리 가구에 대해 대상자 접수부터 종결까지의 사례관리를 수행
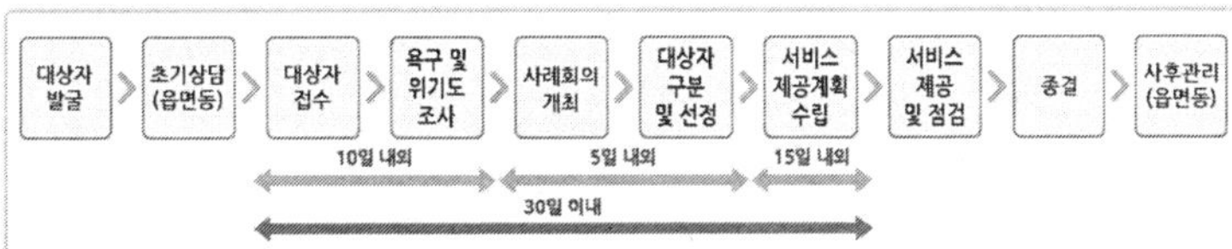
</td></tr>
<tr><td>대상자 발굴 및 접수</td><td>• 사례관리 가구 : 1개월 이상의 중장기적 개입이 필요한 가구로서 다양한 서비스가 집중적으로 제공될 수 있도록 사례회의 등 일반적인 절차를 적용하는 가구
• 읍·면·동에서 초기상담을 거쳐 희망복지지원단에 의뢰한 통합사례관리 사업대상가구 접수</td></tr>
<tr><td>욕구 조사</td><td>• 욕구조사 : 통합사례관리가 필요한 가구를 대상으로 욕구영역별 현상 및 원인을 파악하여 그 결과에 따라 사례관리 가구와 서비스 연계 가구로 구분·선정하기 위한 심층조사
• 위기도 조사 : 사례관리 대상자 선정을 위한 기준으로, 대상가구의 위기 정도 파악 및 사례관리 종결의 적정성 판단 등에 활용
<table>
<tr><th>욕구영역</th><th>점검항목별 질문(예시)</th></tr>
<tr><td>안전</td><td>• 가족 구성원, 비동거 가족, 이웃, 친구, 사회(학교, 직장)로부터 안전을 위협받고 있는가?
• 대상자가 타인의 안전을 위협하고 있는가?
• 응급 시 도움을 요청할 체계가 있는가?</td></tr>
</table></td></tr>
</table>

		[강점관점 질문의 예] • 가족 구성원으로부터의 위협에 대처하기 위해 어떠한 것들을 시도하였는가? • 가족 외부적 요인으로부터의 위협을 극복하기 위해서 무엇을 하였는가? • 이들 중 도움이 되었던 것들은 어떤 것이었나? • 어떤 경우에 안전하다고 생각하는가? • 자녀를 어떻게 안전하게 보호하는가?
	건강	• 본인이나 동거가족 중 신체적 질환 혹은 정신적 질환(중독*, 우울, 조현증 등)으로 약물관리를 하는가? * 술, 담배, 약물, 의약품, 인터넷, 스마트폰, 게임, 도박, 쇼핑, 성 중독 등을 포함 • 신체적 질환 또는 정신적 질환으로 일상생활, 사회생활 등에 어려움이 있는가? • 본인이나 동거가족 중 지난 6개월 동안 자살을 시도한 적이 있는가? [강점관점 질문의 예] • 어떤 경우에 본인이 신체적으로 정신적으로 건강하다고 생각하는가? • 신체적으로 가장 잘할 수 있는 것은 무엇인가? • 무엇이 자신을 신체적으로나 정신적으로 건강하게 만든다고 생각하는가? • 현재까지 이 정도의 건강을 유지하는 비결은 무엇이라고 생각하는가? • 몸이 또는 마음이 아플 때 누구에게 연락하는가?
	일상생활 유지	• 본인이나 동거가족이 일상생활*에 어려움이 있는가? * 식사, 용변 처리, 옷 입기, 세탁, 몸 씻기, 청소, 정리정돈, 수면, 그 외 가사활동 • 외출 시 이동이 어려운가? [강점관점 질문의 예] • 어떻게 모든 일상생활(의식주 관련, 가사 등)을 처리하고 있는가? • 어떤 지원을 받고 있는가? • 휴가나 여가시간에 주로 무엇을 하는가? • 얼마나 자주, 어디서, 누구와 이것을 하는가? • 특별히 좋아하는 활동은 무엇인가? • 어떤 경우에 여가나 휴가를 잘 보냈다고 생각하는가? 그때는 무엇이 달랐는가?
	가족관계	• 동거 혹은 비동거 가족구성원 간 갈등이나 단절된 상황인가? • 영유아, 아동, 노인, 장애인 등을 양육하거나 돌보는 데 어려움이 있는가?

		[강점관점 질문의 예] • 도움이 필요할 때 가족 중 누가 가장 많은 의지가 되고 도움을 주는가? • 가족 중 주로 누구와, 무엇을 하며 시간을 보내는가? • 가족 중에서 누가 가장 당신을 걱정하고 있다고 생각하는가?
	사회적 관계	• 도움을 받을 만한 친인척, 이웃, 동료관계, 단체나 기관이 있는가? • 본인이나 동거가족이 방에서 거의 나오지 않으면서 외부와 관계가 단절된 상황인가? • 본인이나 동거가족이 이웃과 갈등을 유발하고 있는가? [강점관점 질문의 예] • 삶에서 가장 중요한 사람은 누구인가? • 도움이 필요할 때 누가 가장 많은 의지가 되고 도움을 주는가? • 이웃, 지역사회기관, 종교기관 등으로부터 어떤 지지를 받고 있는가? • 과거에 이웃, 지역사회기관, 종교기관 등으로부터 어떤 지지를 받았는가? • 누구와 주로 시간을 보내는가? • 잘 지내는 친구나 이웃은 누구인가? • 누가 가장 당신을 걱정하고 있다고 생각하는가? • 현재 참여하고 있는 모임은 무엇인가?
	경제	• 돈이 없어서 기초생활(의식주, 교육비, 의료비, 집세, 퇴거위험, 난방, 공과금 등)에 어려움이 있는가? • 금전관리(수입과 지출)나 빚 때문에 어려움이 있는가? [강점관점 질문의 예] • 어려운 형편에 어떻게 지금까지 유지를 잘 해왔는가? 현재 가족 혹은 정부로부터 어떤 도움을 받고 있는가? • 어떻게 관리를 해오고 있는가? • 가족원 중에 누가 어떤 일을 하는가? • 돈이 있다면 무엇을 가장 먼저 구매하겠는가? • 당신을 위해 어떤 보상을 줄 것인가? • 과거에 세금 같은 것을 어떻게 지불했는가?
	교육	• 본인이나 자녀가 기초학습능력(읽기, 쓰기, 말하기, 듣기, 타인 이해하기, 계산하기 등)이 부족하여 사회생활이 어려운가? • 본인이나 자녀가 학교생활이나 학업유지에 어려움이 있는가? [강점관점 질문의 예] • 어떤 과목을 좋아했는가? • 이것만은 최고라고 자부할 수 있는 본인의 기술·특기는 무엇인가? • 교육 관련 정보를 어느 정도 확보하고 있는가?

		• 아이가 어린이집이나 유치원, 기타 또래그룹에 참여하고 있는가? 어떻게 상호작용하는가? • 누가 아이와 함께 놀아주고 책을 읽어주는가?
	직업	• 본인이나 동거가족이 근로능력, 가족돌봄, 자녀양육, 일자리 발굴, 대인관계기술, 신용, 신체 및 정신건강 등에 어려움이 있어서 일하기 어려운가? [강점관점 질문의 예] • 어떤 직업들을 가져보았는가? • 현재 직장생활을 잘하고 있는 것은 무엇 때문이라고 생각하는가? • 직장과 관련해서 무엇을 가장 좋아하는가? • 일하는 동안, 어떤 영역에서 최선을 다하는가?
	생활환경	• 주거나 주거환경이 본인이나 가족의 안전과 건강에 해를 끼치는가? • 주거환경 문제로 본인이나 동거가족이 이웃과 갈등을 유발하고 있는가? [강점관점 질문의 예] • 자신이 살고 있는 곳・지역사회의 어떤 점이 좋은가? • 다른 사람들은 현재 거주하고 있는 곳・지역사회에 사는 것이 어떤 면에서 좋다고 이야기할 것 같은가? • 이동 시 누구의, 어떤 도움을 받는가?
	법률 및 권익보장	• 본인이나 동거가족이 법적 문제로 일상생활이나 사회생활에 어려움이 있는가? • 본인이나 동거가족이 차별대우나 불이익을 받고 있는가? [강점관점 질문의 예] • 현재 법적인 문제와 관련하여 누구에게 어떤 기관의 자문을 받고 있는가? • 어떻게 대처하고 있는가?
사례 회의 개최	• 대상자 선정, 종결 시 필수로 진행하되(사례회의 최소 2회) 대상자 구분・선정 및 사례관리 가구에 대한 서비스 제공계획 수립부터 사례관리가 진행된 이후 대상가구의 욕구 변화 및 문제해결 정도, 서비스 제공 점검, 주 사례관리자의 개입방법, 사례관리 종결 등을 협의하기 위하여 수시로 실시(욕구조사를 기초로 하되, 필요시 자산조사 결과도 활용) • 시・군・구에서 직접 수행하는 사례의 경우, 내부사례회의와 통합사례회의를 개최할 수 있음 - 내부사례회의 : 사례관리 가구선정, 서비스 제공계획 수립, 점검, 종결 등을 협의하기 위하여 희망복지지원단 내부에서 수시 개최 ※ 참석자 : 희망복지지원단(팀장, 담당공무원, 통합사례관리사), 대상자, 대상자의 보호자	

	- 통합사례회의 : 주요 서비스기관과 서비스내용을 협의하여 연계방식을 조정(정기적 실시 권고) • 읍·면·동에서 수행하는 사례의 경우 희망복지지원단에 솔루션회의를 의뢰할 수 있으며 희망복지지원단은 솔루션회의 지원 후 결과에 대한 이행 점검 - (솔루션회의) 읍·면·동에서 통합사례회의를 최소 1회 이상 진행해 보았으나 더 큰 범위의 자원과 전문가 개입이 필요하여 시·군·구로 요청한 사례에 대해 다루며 다양한 기관담당자 및 전문가로 구성된 사례 해결 중심의 회의 ※ 참석자 : 읍·면·동 통합사례관리 담당자, 희망복지지원단(팀장, 담당공무원, 통합사례관리사), 사례에 대한 솔루션위원(해당 분야 전문가 중 안건에 따라 실무자 또는 책임자 참여)
대상자 구분 및 선정	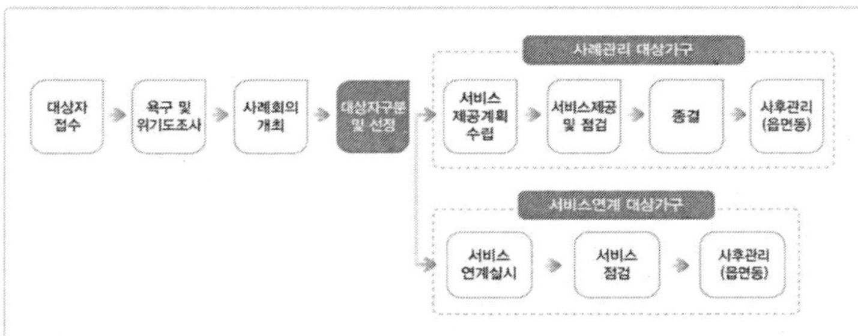 • 사례회의 결과를 바탕으로 대상가구를 사례관리 가구와 서비스 연계 가구로 구분·선정(사업대상에서 제외 결정 포함) • 욕구조사 결과 등록 완료일로부터 5일 내외의 기간에 수행 • 욕구 및 위기도 조사 결과를 토대로 사례회의를 통해 시·군·구 사례관리 팀장이 주 사례관리자와 협의하여 대상가구 구분을 결정 - 사례관리 가구 : 원칙적으로 대상가구의 특성 및 가용자원 등을 감안하여 개입기간을 기준으로 1개월 이상 예상되는 가구 - 서비스 연계 가구 : 대상가구의 특성 및 가용자원 등을 감안하여 개입 기간이 1개월 미만으로 예상되는 가구로 선정 후 30일 이내 관련 서비스 연계 ※ 단, 개입기간과 관계없이 서비스 제공의 성격이 복합적인 경우 '사례관리' 가구로, 단순서비스 연계의 성격인 경우 '서비스 연계' 가구로 분류 가능하며, 서비스 연계 가구는사례회의-서비스제공계획 등의 절차를 생략하나, 간단한 서비스 제공계획수립, 서비스연계 실시 및 점검, 사후관리(연계 종료 후 6개월 이내 1회, 만족도 조사 미시행)는 수행 - 미선정 가구 : 통합사례관리 사업이 불필요한 경우, 대상자 연락두절 및 거부 등으로 인해 기한 내에 욕구조사를 수행하지 못한 경우(미선정 처리 후, 재신청 유도)
서비스 제공 수립계획	• 사례회의 결과를 토대로 선정된 사례관리 가구에 대한 개입목표(장·단기)를 설정하고, 구체적인 서비스 제공 계획 수립 • 사례관리 가구 결정 후 15일 내외의 기간 동안 서비스제공계획 수립 • 서비스 제공계획 수립 전 준비사항 - 서비스 제공기관 담당자, 제공내용, 방법(제공횟수 및 시간) 등을 상세히 확인

• 목표 설정
- 사례관리 개입 목표를 단기와 장기로 구분하여 수립하며, 목표달성 가능성 및 구체성, 측정가능성, 대상가구 상황 등을 종합 고려하여 수립
- 단기목표 : 서비스 제공 후 3~6개월 이내에 달성 가능한 목표 수립. 장기목표를 달성하기 위해 단계별로 제공해야 하는 서비스와 연관되게 설정하고, 개입시기를 고려하여 구체적으로 수립
- 장기목표 : 6개월 이상의 개입을 통해 대상가구의 긍정적인 변화를 도모하기 위한 목표 설정

• 목표 설정 시 고려 사항
- 초기상담, 욕구사정 및 사례회의 내용을 종합하여 욕구영역별로 빠진 것이 없는지 확인하기
- 초기상담, 욕구사정 내용을 근거로 대상자의 변화목표가 논리적으로 설정되었는지 고려하기
- 사례관리 장단기목표, 서비스개입목표, 제공서비스가 논리적으로 연결되도록 설정하기
- 대상자 변화를 장단기목표로 수립하되 대상자 관점으로 목표 기록하기

※ 문제영역 특성상 단기목표만 혹은 장기목표만 수립할 수 있음

• 목표설정 예시

욕구영역	단기목표	장기목표
경제문제	• 인공관절 수술비 마련하기	-
	• 긴급자금 마련하기 • 기초생활비 마련하기	-
취업	• 적성에 맞는 자격증 과정 탐색하기	• 자격증 취득하기 • 대인관계 기술 익히기 • 자활사업 참여하기 • 취업활동하기
정신건강	• 심리검사 및 우울증 상담치료하기 • 외래진료 및 약 복용하기	• 봉사활동하기 • 신체활동(운동)하기
신체건강	• 검진과 수술하기 • 병원에서 물리치료하기	• 재활운동하기

서비스 제공 및 점검

• 사례관리 가구에게 서비스 제공계획에 따른 서비스를 제공하고, 이행 상황 및 대상가구의 환경·욕구 변화 등을 주기적으로 점검·파악

* 공공·민간 서비스 제공기관이 제공하는 서비스뿐만 아니라, 주 사례관리자가 제공하는 직접서비스(전문적인 지지·상담개입 등)도 포함

• 서비스 제공의뢰 요청
- 주 사례관리자는 서비스 제공계획에 따라 사례관리 대상가구의 서비스 의뢰내용을 기술하여 해당 기관에 서비스 제공 요청
- 이 경우 대상가구의 욕구조사 결과 및 의뢰하고자 하는 서비스 내용을 명확히 기술하여 불필요한 조사과정이 반복되거나 욕구와 다른 서비스가 제공되지 않

도록 유의

• 서비스 제공 점검
  - 사례관리 가구에 대한 점검사항
• 사례관리 서비스를 통한 대상자의 변화 정도(수립된 성과목표 일치성, 대상자의 삶의 변화)
• 대상자가 연계된 서비스에 실제로 참여하는 정도, 서비스 내용의 적절성, 서비스 양의 충분성, 서비스의 품질과 이에 대한 대상자의 만족도, 서비스의 제공방법의 적절성 등
• 대상자 욕구 및 환경 변화에 따라 욕구재조사 또는 서비스제공 계획 수정 필요 여부-서비스 제공기관에 대한 점검사항
• 서비스 제공계획, 서비스 제공기간, 횟수, 내용 일치성
• 서비스 제공여건, 서비스 제공자의 변화 여부
• 서비스 제공기관 사이의 연계 및 협력의 원활성 등 점검 방법
  - (상담) 전화・방문상담*・설문지 등을 통해 대상가구의 서비스 평가, 생활실태 등 파악
  - (서비스 이용 시 동행) 서비스 이용모습 및 서비스 내용 파악
  - (서비스 제공자와의 연락) 사례관리 대상자의 욕구와 상황의 변화를 파악 - (기록지 검토) 사례관리 기록에 대한 체계적 검토를 통해 변화의 시점 등을 발견
• 점검에 따른 조치

점검결과	조치방안
• 대상가구를 둘러싼 환경의 변화가 발생하여 재검토가 필요한 경우 • 서비스가 진행되면서 심각한 신규 욕구 또는 문제가 발생한 경우	욕구 재조사
• 서비스의 양 또는 횟수에 대해 대상자가 변경 요청 시 • 주 사례관리자의 판단 결과 서비스의 양 또는 횟수의 변경이 필요한 경우 • 욕구 재조사 결과 서비스의 종류 변경이 필요한 경우 • 서비스 제공자의 여건 변화로 서비스 제공이 어려운 경우	서비스 제공 계획 재수립
• 대상가구의 상황이 사례관리 서비스가 필요하지 않을 정도로 호전된 경우 • 대상가구의 이사, 연락 두절 등으로 사례관리 진행이 어려운 경우 • 대상가구가 1개월 이상 지속적인 사례관리 서비스를 거절 또는 포기하는 경우	종결을 위한 사례관리 평가

종결	• 사례관리의 개입목표가 달성되었거나 거부 등의 사유로 사례관리 개입이 불가능할 경우 사례회의를 통해 종결 여부 결정 • 사례관리 종결 5일 전부터 절차 진행 • 종결 유형 : 대상가구의 긍정적 변화에 의한 종결 : 장기 목표 달성, 단기 목표 달성, 상황 호전** 위기도 조사를 실시한 결과, 사례관리 전후 위기도 점수가 낮아지고 대상자의 취업 또는 환경 변화로 인하여 상황이 호전되어 더 이상 사례관리 서비스가 불필요한 경우 ※ 서비스 계획에 맞춰 단기 목표, 장기 목표를 모두 달성하였을 때 종결하며, 장기 목표 달성 없이 단기 목표 달성만으로 종결할 경우 그 사유를 종결심사서(종결심사의견_ 특이사항)란에 명기 - 대상가구 여건에 의한 종결 • 타 시·군·구로의 전출(대상자 정보를 해당 시·군·구로 이관) • 대상자 사망(1인 가구인 경우에만 해당) ※ 단, 가구주가 사망한 경우에도 다른 가족이 있는 경우 사례관리 진행가능 • 거절(서비스 제공계획 해지 요구 등), 포기, 3개월 이상 연락 두절 - 자체 종결 : 기관의 자원·능력의 한계로 인한 종결 • 종결 절차 - 위기도 조사 실시 : 사례관리 가구의 위기 심각도의 변화를 측정 - 종결사례 평가 : 서비스 제공 과정, 위기도 조사 결과 등을 종합하여 사례관리 개입의 적정성 및 대상가구의 변화를 평가 - 사례회의 실시 : 종결사례 평가, 목표달성 정도 등 사례관리 개입 전체 과정을 평가하여 종결 여부 결정 ※ 종결 여부 결정 시 해당 가구의 사례관리 담당자(드림스타트, 아동보호전담요원, 자활사례관리, 노인맞춤돌봄서비스, 의료급여사례관리, 방문건강관리, 중독사례관리, 정신건강사례관리, 건강가정지원센터, 서민금융통합지원센터 등) 참여 요청(종결회의는 서면으로 대체 가능) - 종결심사서 작성 : 서비스 제공계획에 따른 목표달성 정도, 변화정도, 사후관리계획 등 정리 • 종결심사서 작성 방향 - 서비스 제공계획에 따른 평가가 논리적으로 연결되어야 함 - 원래 수립했던 목표대비 평가가 이루어져야 함 - 종결 후 사후관리에 대한 계획이 포함되어야 함 - 사례관리 후 대상가구의 변화를 양적·질적으로 측정하여 종결 결정에 반영하여야 함 - 종결 시 사례에 따라 대상자에게 안내가 되어야 하는 내용들이 있으므로 별도 안내문 양식을 만들어 활용하는 방법도 효과적 • 종결 시 고려사항 - 대상자가 종결을 수용할 수 있도록 일정 기간을 남겨두고 종결논의 등 속도 조절 - 종결 이후에도 필요한 경우 주 사례관리자에게 도움을 요청할 수 있음을 안내 - 욕구나 문제가 해결되어 종결된 대상자도 문제가 재발하거나 새로운 욕구가 발생할 수 있으므로 지속적인 사후관리를 통해서 대상자의 긍정적 변화 유지 여부 확인 - 대상자에게 종결시점을 사전 고지하고 종결 이후에 있을 사후관리 계획(9개월 내 2회 실시. 단, 최초 1회는 3개월 이내 실시) 고지

사후관리	• 통합사례관리 가구(사례관리 가구 및 서비스 연계 가구)에 대한 개입 종결 후 일정 기간을 설정하여 대상가구가 변화를 지속적으로 유지하는지 등을 모니터링사후관리 결과 새로운 문제나 욕구가 발생할 경우에는 재개입 필요성 등을 판단하여 위기상황의 재발 예방 • 종결 후 9개월 내 2회 실시. 단, 최초 1회는 3개월 이내 실시* (서비스 연계가구는 종결 후 3개월 이내 1회 실시) * 위험도가 높은 가구의 경우 분기별 1회 실시 등 가구별 특성을 고려하여 모니터 상담계획(상담주기) 수립 • 희망복지지원단 및 읍·면·동에서 종결된 통합사례관리 가구는 주소지 읍·면·동에서 사회보장정보시스템(행복e음)을 통해 '모니터 대상자'로 확인 가능. 모니터 대상가구별로 상담계획 수립 후, 계획에 따라 모니터 상담 시행 ※ 위기도가 높았던 가구는 종결 직후 빠른 시일 내 첫 번째 사후관리 실시 원칙적으로 대상가구에 대해 방문상담*을 실시하고 상담·사례관리 시스템의[모니터 상담관리]에 상담내용을 입력하고, 특이사항이 있는 경우에는 희망복지지원단 또는 읍·면·동 찾아가는 보건복지팀에 즉시 보고 * 방문 전 사회보장정보시스템(행복e음)을 활용하여 사례관리 이력 등 조회 - 대상자의 건강·영양 상태, 주거환경 등 생활실태와 욕구파악 - 제공된 급여·서비스가 제대로 전달되고 있는지 파악 - 신규 제도 및 서비스, 변화된 내용, 이용 가능한 자원 정보 제공 등 읍·면·동은 만족도 조사 병행 실시(사례관리 종결가구에 대해 1회에 한하며, 서비스 연계 가구는 제외)

출처 : 보건복지부(2022). 희망복지지원단 업무안내 발췌·정리.

4) 프로그램 개발과 사업제안서 작성[1)]

프로그램 개발은 사회복지현장실습을 경험한 학생들이 실습과정에서 성취감을 많이 느끼는 부분이기도 하고 동시에 가장 힘든 과정으로 기억하기도 하는 부분이다. 실습 전 '사회복지 프로그램 개발과 평가' 교과목을 수강한 경험이 없는 경우 수강을 한 학생에 비해 실습현장에서 상대적으로 더 어려움을 겪기도 한다.

사회복지 프로그램이란 사회복지실천의 목적을 성취하기 위해 설계된 조직적인 활동이다. 사회복지 프로그램의 목적과 목표는 반드시 클라이언트 혹은 지역사회를 변화시키겠다는 사회복지실천의 고유한 목적을 지향하는

1) 이 부분은 주로 조성우 외(2018). 사회복지 프로그램 개발과 평가의 내용을 발췌·정리하여 기술하였으며, 이외 인용 부분은 해당 자료 출처를 따로 기재하였음

것으로, 다양한 서비스의 집합으로 구성된 하나의 프로그램은 서로 유기적으로 연결되어 클라이언트에게 제공된다.

(1) 좋은 프로그램의 특징

좋은 프로그램이란 클라이언트와 생태체계의 상호작용을 촉진해서 클라이언트의 삶에 바람직한 변화를 일으키는 영향력 있는 프로그램을 의미한다. 좋은 프로그램의 특징은 다음과 같다(Royse, Thyer, Padgett, & Logan, 2001).

① **우수한 직원** : 사회복지서비스는 휴먼서비스로 사회복지에 대한 전문성을 갖춘 직원이 프로그램을 기획하고 운영해야 양질의 서비스 제공이 가능하다.

② **충분한 예산** : 예산은 적절하게 배정되어야 한다.

③ **안정적인 기금 확보** : 좋은 프로그램은 기관 자체 예산 외에도 외부로부터 별도의 기금을 지원받아 재정을 충당한다. 대부분의 사회복지 기관은 정부의 보조금, 이용료로 프로그램 예산을 마련하나, 최근 민간 기부 문화의 활성화 계기로 사회복지공동모금회, 기업복지재단, 해피빈 등의 기금 제공 단체를 통해 많은 기금이 사회복지 프로그램에 배분되고 있다. 사회복지사가 사업제안서(프로포절)를 기금제공 단체에 제출하고 승인을 받게 되면 프로그램 전체 혹은 일부 예산을 지원받기도 한다.

④ **고유한 정체성** : 좋은 프로그램은 긍정적인 평판을 가지고 있으며 좋은 평판은 프로그램의 고유한 정체성에서 시작되며, 독창적일수록 클라이언트는 프로그램을 쉽게 기억하고 긍정적으로 평가한다.

⑤ **증거기반 조사능력** : 좋은 프로그램은 프로그램의 성과가 객관적으로 입증된다. 사회복지사는 클라이언트의 변화를 객관적인 증거를 통해 입증해야 한다. 객관적인 증거란 일반적으로 수량화된 자료를 의미하

며 사회복지사는 목표 대비 실적 보고, 만족도 설문조사 수행, 심리측정, 실험설계를 활용하여 통계분석을 하는 등 양적평가 능력을 적극 활용하고 있다.

⑥ **개념적 · 이론적 기반** : 좋은 프로그램은 학계에서 승인받은 건전한 이론적 모델 위에서 개발된다.

⑦ **서비스 철학** : 좋은 프로그램은 분명한 서비스 철학을 가지고 있으며, 프로그램에서 분명한 서비스 철학이란 클라이언트를 바라보는 명시적 혹은 암묵적 입장이다. 예를 들어, 클라이언트에 대해 강점관점 철학으로 바라보느냐 아니면 전문가 중심 철학으로 바라보느냐에 따라 프로그램과 관련된 중요 결정의 방법과 내용이 달라질 것이다.

⑧ **실증적인 평가를 위한 체계적인 노력** : 훌륭한 프로그램 기획가는 프로그램을 평가할 때 어떤 조사방법을 사용할 것인지 섬세하게 구상한다. 여러 조사방법에 대한 세밀한 검토를 통해 우수한 방법을 선택적으로 사용해야 한다는 것이다.

(2) 프로그램 개발 과정

프로그램을 개발하는 과정은 일반적으로 사회문제와 욕구분석, 목적과 목표 작성, 프로그램 과정 설계, 투입자원 결정, 프로그램 실행과 관리, 프로그램 성과 및 평가의 단계로 진행된다. 각 단계별 주요 내용을 살펴보면 다음과 같다.

① 1단계 : 사회문제와 욕구분석

사회복지 프로그램은 사회문제를 해결하기 위해 개발된다. 따라서 어떤 사회문제를 해결하기 위해 개발되었는지를 파악할 필요가 있으며 해당 문제와 관련된 클라이언트와 주변인들의 욕구도 분석해야 한다.

● 사회문제의 규정과 유형

사회문제란 바람직하지 못한 사회적 조건과 상황이 존재하고 많은 사람이 개선될 필요가 있다고 생각하는 상태를 말한다. 사회문제로 규정되기 위한 요건은 다음과 같다(최일섭 외, 1994).

- 사회적인 원인을 가진 문제 : 문제의 원인과 특성이 사회적이어야 한다.
- 사회적 가치 및 규범에서 벗어남 : 사회의 지배적 가치나 규범에 어긋나는 행동이어야 한다.
- 다수 또는 영향력 있는 사람이 문제로 보는 현상 : 사회 구성원이나 정치가, 학자 등 일부 사회적으로 영향력이 있는 사람들이 사회문제로 판단하는 경우이다.
- 개선을 위하여 사회적·집단적 개입이 필요한 것 : 사회문제는 다수의 사람들에게 부정적으로 영향을 미치고 그 원인이 사회적이기 때문에 개인적 차원에서나 가족적 차원에서는 해결될 수 없다는 판단이 성립되어야 한다.

● 욕구의 종류

브래드쇼(Bradshow, 1977)는 욕구를 규범적 욕구, 인지적 욕구, 표출적 요구, 상대적 욕구로 나눈다.

- 규범적 욕구

  규범적 욕구는 전문가에 의해 규정되는 욕구로 규범적이라는 용어는 기준 또는 규범이 존재함을 의미한다. 기존의 자료를 기준으로 실제 생활상태가 전문가들이 설정한 기준에 미치지 못하는 경우 규범적 욕구가 존재한다고 볼 수 있다. 규범적 욕구를 프로그램 기획서에 활용한 예로는 전문가들이 연구한 빈곤 수준과 현황, 실태, 정책이나 서비스 등의 필요성 등을 문제 및 욕구 분석의 초기에 간략하게 기술한 사례를 들 수 있다. 규범적 욕구의 한계는 시대와 기술, 가치 변화에 따라 민감하게 변화함에도 불구하고 이러한 상황을 즉각적으로 반영하기 어렵다는 점이다.

- 인지적 욕구

인지적 욕구는 프로그램의 주 대상자인 클라이언트가 자신들의 욕구로 생각하는 것 또는 욕구가 되어야 한다고 느끼는 것으로 정의된다. 문제를 경험하는 당사자인 클라이언트에게서 얻는 정보이기 때문에 가장 정확하고, 클라이언트의 욕구를 가장 대표하는 욕구라 할 수 있다. 인지적 욕구를 프로그램 기획서에 적용한 사례로는 클라이언트의 욕구를 기술할 때에 클라이언트 대상의 다양한 양적·질적 설문 내용 결과들을 인용하여 설득력을 높이는 것을 들 수 있다. 인지적 욕구의 한계점은 인지적 욕구를 정확하게 조사하는 과정이 쉽지 않다는 것이다.

- 표출적 욕구

표출적 욕구는 서비스에 대한 요구로 서비스에 지원하거나, 주어진 기간 내에 서비스를 받은 클라이언트와 대기자 명단에 있는 클라이언트로 파악된다. 한계점은 서비스를 받아야 하는 대상자들이 자격조건을 갖추지 못해서 받지 못하는 경우나 서비스에 대한 정보조차 모르는 경우는 표출적 욕구에 반영되지 않는다는 것이다. 따라서 표출적 욕구는 항상 지역주민의 진정한 욕구수준보다 낮게 평가되는 문제를 가진다.

- 상대적 욕구

상대적 욕구는 지역사회에 존재하는 서비스 수준과 유사한 지역사회나 지리적 영역에 존재하는 서비스 수준의 차이로 특정된다. 표출적 욕구와 상대적 욕구는 프로그램 기획서 작성 시 지역사회 현황 등에서 부족한 서비스의 수, 타 지역과의 비교와 관련된 내용을 제시하는 방법으로 활용할 수 있다.

〈표 2-22〉 욕구의 종류별 장단점, 수행방법, 사례적용

구분	설 명	장 점	한계점	수행방법	사례 적용 (중도입국청소년의 사회적응)
규범적 욕구	전문가에 의해 정의되는 욕구	• 시간, 비용의 절약 • 신뢰할 수 있는 자료의 확보 • 정확한 기준선 제공(빈곤, 우울 수준 등)	• 시대변화를 따라잡기가 힘듦 • 신생 클라이언트 집단 등에 대한 자료가 충분하지 않을 수 있음	• 통계자료 • 전문가 연구(석·박사 학위논문, 학술저널) • 전문가 대상 설문 혹은 심층면담	• 통계청 • 지방교육청 통계자료 • 중도입국청소년 관련 논문 • 청소년정책연구원의 연구보고서 • 청소년백서 • 중도입국청소년 전문가 대상 심층면담
인지적 욕구	클라이언트에 의해 정의되는 욕구	정확한 클라이언트의 욕구 파악 가능	• 시간, 비용이 많이 듦 • 조사과정의 오류 시 정확한 결과를 기대하기 어려움	• 클라이언트 대상 설문조사 • 클라이언트 대상 심층면담	• 지역의 학교, 다문화가족센터를 이용하는 중도입국청소년 대상 설문조사 • 중도입국청소년 대상 심층면담
표출적 욕구	대기자의 수를 통해 파악되는 욕구	클라이언트의 욕구 파악 용이	제공되지 않은 프로그램의 경우 욕구 파악이 되지 않음	기관의 대기자 명단	중도입국청소년 적응 프로그램의 대기자 수
상대적 욕구	지역 간 비교를 통해 파악되는 욕구	클라이언트의 욕구 파악 용이	제공되지 않은 프로그램의 경우 욕구 파악이 되지 않음	지역기관 서비스, 프로그램의 비교	서로 다른 두 지역을 비교하여 중도입국청소년을 위한 프로그램 수, 질 등의 비교

출처 : 조성우 외(2018).

프로그램 개발의 필요성을 문제와 욕구 중심으로 설명하면 설득력을 높일 수 있다. 클라이언트의 문제에 대한 심각성(통계, 뉴스, 지역 현황, 특별한 사례 등), 클라이언트가 안고 있는 전반적인 문제에 대한 기술, 클라이언트 문제가 해결되어야 하는 사회적 가치

및 당위성, 클라이언트 문제와 관련하여 핵심적으로 해결되어야 하는 욕구, 클라이언트 욕구 해결을 위한 기존 프로그램의 한계, 핵심 욕구에 대한 초점이나 새로운 프로그램 개발의 필요성 제안 등을 중심으로 기술하면 된다.

• 대상자 선정

대상자 선정은 서비스를 누구에게 제공할 것인가를 정하는 과정이다. 대상자를 선정하는 방법은 랩과 포트너(Rapp & Poertner, 1992)가 제시한 네 가지 인구집단(일반집단, 위험집단, 표적집단, 클라이언트 집단)으로 구분하고 순차적으로 좁혀가는 방식을 일반적으로 많이 사용한다(김장권, 2018).

- **일반집단** : 프로그램 집단 가운데 가장 포괄적인 인구집단으로 문제나 욕구를 갖고 있다고 판단되는 해당 지역의 전체 대상집단이다.
- **위험집단** : 일반집단 중에서 프로그램화하고자 하는 특정 사회문제에 더 영향을 받기 쉬운 하위 인구집단이다. 위험집단을 기술하는 데 있어서 전형적으로 가장 영향 받기 쉬운 사람들의 특징을 포함하고, 이러한 문제를 경험하고 있는 사람들의 집단을 제시한다. 경우에 따라서는 위험집단은 사회복지 프로그램으로 특정한 개입이 필요한 사람들을 추정하여 산출하기도 한다.
- **표적집단** : 표적집단은 프로그램의 일차적 대상자로 자격요건을 갖춘 사람들이다. 표적집단은 위험집단의 하위집단으로 클라이언트 특성과 다른 요인을 고려하여 위험집단에서 좁혀지게 된 것이다.
- **클라이언트 집단** : 표적집단 중에서 프로그램에 실제적으로 참여하게 될 집단이다. 프로그램 개발자에게 중요한 과제는 표적집단 중 누가 서비스를 받을 것이며 누가 받지 못할 것인가를 정하는 것이다.

〈표 2-23〉 대상자 선정 사례 : 치매노인주간보호 프로그램의 표적집단 및 클라이언트 수 추출 예

(단위 : 명)

구분	대 상	대상자 수
일반집단	서울시 광진구에 거주하는 65세 이상 노인	28,000
위험집단	서울시 광진구에 거주하는 65세 이상 노인 중 치매노인	1,680
표적집단	위험집단 가운데 국민기초생활수급권자 가정의 치매노인	250
클라이언트 집단	표적집단 가운데 경증치매로 본인이나 가족이 희망하고 기관의 송영서비스 권역에 거주하는 치매노인	15

출처 : 황성철(2005), p. 184.

② 2단계 : 목적과 목표 작성

프로그램의 목적은 프로그램이 추구하는 방향, 달성하고자 하는 가치 등을 표현하는 것으로 이념적이고 추상적인 언어로 기술된다. 이에 비해 목표는 구체적인 대상의 변화와 문제해결을 의미하며 사회문제의 분석과 욕구측정을 기반으로 설정된다. 프로그램을 통해 궁극적으로 달성하고자 하는 목표를 규정하는 가장 일반적인 원칙은 'SMART 목표 진술기법'이다.

- S(Specific) : 목표가 구체적이어야 한다.
  목표는 구체적으로 모든 사람이 같은 의미로 이해할 수 있는 용어로 작성되어야 하며, 학문적으로도 근거를 가지고 있어야 한다.
- M(Measurable) : 측정 가능해야 한다.
  측정 가능성은 평가와 직결되며 측정 가능한 용어는 산술적으로 측정할 수 있거나 측정도구를 활용할 수 있어야 한다.
- A(Attainable) : 성취 가능해야 한다.
  성취 가능성이란 프로그램이 현실적인 목표여야 한다는 것이다. 너무 장황한 결과를 기대하거나 프로그램 실행방법 자체가 가능성이 없는 경우를 목표로 세우는 것은 곤란하다.
- R(Result-oriented) : 결과지향적이어야 한다.

프로그램은 결과를 염두에 두고 실행되는 계획된 활동이다. 그러므로 목표에는 반드시 결과가 제시되어야 한다.

- T(Time-bounded) : 시간 제한을 가진다.

  프로그램은 제한된 자원으로 제한된 시간 내에 실행된다. 짧게는 6개월에서 1년 이내의 기간을 가진다. 장기적인 사업인 경우에는 예외성을 가지지만 그런 경우에도 각 사업이나 프로그램의 시간 제한성을 명확하게 제시하는 것이 좋다.

③ 3단계 : **프로그램 과정 설계**

사회문제를 파악하고 욕구를 분석해서 목적과 목표를 세운 다음에는 프로그램 내용을 기획해야 한다. 프로그램 내용은 제시한 목표를 달성하기 위해 구체적인 수단에 해당하는 프로그램 내용과 수행방법을 모두 포함한다.

프로그램 선정 시 고려해야 할 사항은 다음과 같다.

- 목적과 목표를 달성하는 데 부합하는가?
- 현실적으로 실행 가능한가?
- 클라이언트의 특성을 고려하였는가?
- 프로그램의 성과가 현실에서의 적용과 실질적인 변화를 가져올 수 있는가?
- 윤리적 문제가 고려되었는가?

프로그램 구성의 원리는 다음과 같다. 첫째, 핵심적인 주제를 다루는 프로그램 활동은 1회기로 끝내지 않고 여러 번 반복한다. 둘째, 단순한 활동에서 복잡한 활동으로, 구체적인 것에서 추상적인 것으로 배치한다. 셋째, 대상자의 다양성, 활동의 다양성 등이 모두 고려되어야 한다. 넷째, 프로그램 내용들에 균형이 유지되어야 한다.

④ 4단계 : 투입 자원 결정

자원은 사회복지 프로그램의 존속에 영향을 미치는 중요한 요소이다. 따라서 지역사회 내의 다양한 자원들을 활용하여 문제해결의 파급력을 높임은 물론, 지역주민의 참여와 프로그램의 질을 제고할 수 있는 자원 활용 전략을 구축하여야 한다. 사회복지 프로그램의 주요 자원으로는 재정, 인력, 시설, 설비, 물품 등이 있다.

〈표 2-24〉 프로그램 주요 자원의 종류

자 원	예
인적 자원	• 직원, 슈퍼바이저 • 자문가, 지역사회 관련 활동가 • 자원봉사자, 실습생, 인턴생 • 프로그램 참여자
물적 자원	• 재원(예산액, 모금액-후원자 및 후원기업 등) • 시설 • 장비, 비품 • 서비스 이용료, 회비
네트워크 자원	• 공공기관 및 비공식 조직 • 실행 네트워크(연계 및 관련 기관 등) • 실행가능성이 있는 현존 네트워크
연구조사기반 및 정보자원	• 프로그램 및 참여자와 밀접한 법률의 제정 및 개정, 관련 정책과 사업동향 • 기존 연구조사 결과, 욕구조사 결과보고서 • 서비스 기술 • 프로그램 활용 지침
자연자원	프로그램에 활용될 수 있는 공원, 놀이터, 쉼터 등

출처 : 조성우 외(2018).

프로그램 예산은 프로그램이 실제적으로 시행되기 위해서 필요한 수입과 지출을 구체화한 재정계획이다. 예산의 유형은 일반적으로 품목별 예산, 성과주의 예산, 기획 예산, 영기준 예산으로 분류된다.

- **품목별 예산** : 가장 보편적인 예산체계로 구입하거나 지출하고자 하는 품목별로 수입과 지출을 기재하는 방법

- **성과주의 예산** : 조직이 달성하고자 하는 목표를 세부 프로그램 활동으로 나누어 각 프로그램이나 활동의 단위원가와 업무량을 고려하여 예산을 정하는 방법으로 '프로그램 예산'이라고도 함
- **기획 예산** : 기획 예산은 조직의 장기적 발전계획 또는 사업계획 하에 연도별 목표 달성을 위해서 예산을 조직목표에 통합시켜 작성하는 예산의 유형
- **영기준 예산** : 조직이 지금까지 추진한 사업을 처음부터 영(zero)의 상태에서 다시 시작한다는 전제하에 전년도 예산에서 항목별로 배정된 예산에 전혀 구애받지 않고 새로운 조직목표와 우선순위에 따라 예산을 수립하는 개혁적 예산제도

예산 작성 요령은 다음과 같다.

- 예산은 수입과 지출을 구체적으로 예상하여 구상한다.
- 불필요한 예산을 과다하게 책정하지 않도록 명확한 근거를 산출해야 한다.
- 물품의 비용 책정은 한곳의 가격만을 참고하지 말고 여러 곳의 가격을 비교하여 선정한다.
- 산출 근거는 실제 수량, 횟수, 인원수, 단가 등을 구체적으로 기록한다.
- 편성 예산과 집행의 차이를 줄이도록 구체적으로 작성해 예산계획의 신뢰도를 높인다.
- 기관 내부의 예산 작성 지침과 외부 지원금 사용에 관한 지침 내지 예산 편성 기준 등에 위배되지 않는지를 검토한다. 아무리 효율적으로 예산을 계획했다 하더라도 예산 사용 지침을 위배한 예산서로는 신뢰성을 확보할 수 없다.

〈표 2-25〉 예산 수립형식 예시

○○○기관 예산				
	A 프로그램	B 프로그램	C 프로그램	D 프로그램
수입	세부 내역 및 산출 근거			
기부금 정부보조금 회비 프로그램 수입 기타				
지출	세부 내역 및 산출 근거			
급여 고용 관련 기타 비용 임대료 시설비 소모품비 통신비 장비비 우편비 인쇄 및 복사비 여비 회의비 기타				
총 프로그램 비용				
서비스 단위당 비용 종결까지의 클라이언트당 비용 성공한 클라이언트 결과당 비용 직접비와 간접비당 비용 자부담과 지원금당 비용				

출처 : 조성우 외(2018).

⑤ 5단계 : 프로그램 실행과 관리

사회복지 프로그램은 계획서만으로 성과가 도출되는 것이 아니라 조직 자원에서 프로그램 실행과 관리 전략을 구축하고 수행해 나가야 성과로 연결될 수 있다. 특히 사회복지 조직은 서비스 제공을 통해 클라이언트의 복지를 증진하고 유지하는 최일선 기구인 사회복지사들의 전문적 역량과 기술이 서비스의 효과성을 좌우하는 특성을 가지고 있다.

이러한 특성을 감안해 볼 때, 세부 프로그램을 담당하는 사회복지사의 인력강화, 계획과 실행, 슈퍼비전과 피드백 등은 실행단계의 주요 과업이 된다. 프로그램의 성과와 서비스 질은 사회복지사의 역량 확보 없이는 이루어지기 어렵다.

또한 프로그램 실행 시 가장 기본적으로 프로그램 참여자와 진행과정에 대한 정보들이 관리되고 기록물도 정리되어야 한다. 아울러 클라이언트의 자발성, 비밀보장, 편견의 배제 등 윤리적 고려사항들도 프로그램 실행단계에서 검토되어야 한다.

- 프로그램 실행과 관련한 윤리적 이슈

윤리적 고려사항들을 프로그램 개발에 적용시켜 보면, 클라이언트들은 참여를 강요받아서는 안 되고 자발적으로 동의를 하고 참여하며, 사회복지사는 클라이언트에게 피해를 주어서는 안 되고 클라이언트의 정보에 대해 비밀을 보장해야 한다. 또한 프로그램 담당자인 사회복지사는 자신에 대해서나 프로그램의 목적 등에 대해서 솔직한 정보를 제공해야 하고, 전문직 동료들에 대해서는 윤리적 의무를 가지고 프로그램의 효과적인 성과뿐만 아니라 실패에 대해서도 보고할 책임이 있다. 또한 사회복지사는 프로그램을 실행하면서 스스로 가지고 있는 편견을 최대한 배제하면서 프로그램을 실행해야 할 윤리적 의무를 가지고 있다. 프로그램 실행은 생활 상황 곳에서 개입을 전달하는 실천가들에 의해 진정한 어려움을 가지고 있는 대상자들에 대해 이루어지기 때문에 편견이 작용하는 등 결과가 왜곡될 수 있다. 또한 프로그램 실행에 있어 왜곡될 수 있는 요소들이 존재하고 있는데, 사회복지사 스스로 그리고 기관 차원에서 이러한 왜곡 요소들을 최대한 통제할 수 있는 체제를 갖추는 것이 필요하다.

- 정보체계 및 기록문서 관리

사회복지기관은 프로그램을 위한 정보관리체계를 구축하고 필요한 정보를 효과적으로 활용할 수 있어야 하는데 일반적으로 사회복지기관에서 수집하여야 할 대표적인 정보는 지역사회 정보, 클라이언트 정보, 서비스 정보, 직원 정보, 자원할당 정보 등이 있다.

〈표 2-26〉 사회복지 기관이 수집해야 할 정보 내용

정보 종류	내 용
지역사회 정보	• 인구통계학적 특성 • 사회경제적 특성 • 서비스 대상자의 범위 • 유사 서비스 제공기관과 재원 목록
클라이언트 정보	• 클라이언트 문제 • 개인력 • 서비스 수혜 유형 • 서비스 기간 • 사회경제적·가족적특성 • 고용상태 • 만족도와 서비스 성과측정
서비스 정보	• 서비스 단위 • 클라이언트 수 • 일정한 기간 내에 서비스를 제공받은 클라이언트 수 • 일정한 기간 내에 서비스가 종결된 클라이언트 수 • 서비스와 관련된 활동에 관한 설명(하위 세부활동들과 활동별 참여 현황, 실적, 중도 탈락 및 수료율, 프로그램 홍보 및 모니터링 자료)
직원 정보	• 프로그램 수행에 참여한 시간, 프로그램 담당 기간, 직원의 임면에 관한 사항, 직원의 전직과 보직변경
자원할당 정보	• 전체 비용, 특수한 유형의 서비스 비용, 예산 및 결산 보고서를 위해 필요한 자료

출처 : 조성우 외(2018).

사회복지실천 및 교육현장에서 활용되고 있는 기록 방법에는 과정기록, 이야기체 기록, 문제 중심 기록 등이 있으며 세부내용은 다음과 같다(조성숙, 2020).

- **과정기록** : 원조과정이나 사회복지사와 클라이언트 간의 상호작용 과정을 있는 그대로 기록하는 방법으로 사회복지사의 질문과 반응, 클라이언트가 말하는 사실과 감정이 고스란히 드러나는 기록이다.

과정기록의 장점은 사회복지사가 자신의 실천행동 및 결정을 분석하고, 활동을 개념화하고 조직하게 도와준다. 면접이나 개입의 목적을 명료화하게 하고 사례에 대한 개입기술능력을 향상시킨다. 과정기록에 포함되는 내용으로는 면담이나 회의에 참석한 사람들의 이름, 날짜, 장소, 회합의 시간, 회합의 목적, 회합에서의 실습생의 실습계획, 상호작용과 내용에 대한 서술, 실습생의 역할과 활동, 클라이언트의 관심사, 상황 또는 문제, 클라이언트의 현재의 반응, 실습생과 사회복지사의 원조과정에 대한 클라이언트의 반응 등 실습생의 사정, 회합 중에 실습생이 수행한 것에 대한 스스로의 사정 등이 포함된다.

〈표 2-27〉 과정기록의 예시

면접 내용	사회복지사의 느낌 및 분석
상담실에 클라이언트가 문을 열고 들어왔다.(걸음걸이가 불편해 보였다)	
사회복지사 : 안녕하세요? 무슨 일로 오셨는지요?	'무슨 일로 오셨느냐'라는 첫 질문이 적당한지 잘 모르겠다.
클라이언트 : 어젯밤에 남편하고 싸우고 나서 속상해서...	
사회복지사 : 남편하고 자주 싸우시나요?	'남편과 자주 싸우는가'라는 질문보다는 클라이언트의 불편한 걸음걸이에 대한 감정이입적 언급이 좋았을 것 같다.
클라이언트 : 싸운다기보다는 남편이 술만 마시면 저를 때려요. 어제도 남편이 술을 마시고 와서 제가 소리를 질렀더니 저를 때렸어요.	
사회복지사 : 남편의 폭행이 상습적인가요?	'상습적'이라는 어휘가 적절하지 않은 것 같다.
클라이언트 : 상습적이라면? 사회복지사 : 어제도 많이 맞으셨나요? 클라이언트 : 예. 겉으로 보이는 데는 없지만, 저를 발로 차서 지금 허리가 아파요. 이런 일이 한두 번도 아니고 저는 정말 어떻게 하면 좋을지 모르겠어요.(울음을 터뜨림)	

출처 : 윤현숙 외(2001).

- 이야기체 기록

이야기체 기록은 사회복지사와 클라이언트 간에 일어난 사건이나 과정을 이야기를 풀어가듯 서술체로 기록하는 것이다. 이야기체 기록은 서비스 제공 후 즉시 기록하면 내용의 정확도와 신뢰도를 어느 정도 확보할 수 있지만 기록하는 데 시간이 많이 걸리고 내용이 길어질 수 있으며 초점이 모호할 수 있다. 또한 이야기체 기록의 질은 사회복지사의 문장력이나 기록에 투입된 시간에 좌우될 수 있다(조성숙·이신영, 2013 : 164).

〈표 2-28〉 이야기체 기록 예시

20○○년 ○월 ○일 오전 11시 클라이언트(○○○씨, 40세, 여)와의 개별면접
• 제시된 문제 : 클라이언트는 아들(고1)이 3개월 전부터 바깥출입을 하지 않고 학교에도 가지 않으려고 하며 클라이언트에게 돈을 달라고 요구하고 이에 응하지 않으면 마구 욕을 하며 구타까지 한다고 한다. 이에 우리 기관에 도움을 요청하였다. • 가족기능 : 클라이언트는 현재 두 번째 결혼이며 전남편과의 사이에서 태어난 아들을 데리고 3년 전 재혼했다. 전남편은 심한 알코올중독 상태였고 클라이언트와 결혼하자마자 줄곧 구타를 하였다. 특히 아들이 보는 앞에서 구타하기 일쑤였고 술을 마시면 집안 물건을 다 부수었으며, 아들한테도 폭력을 가하였다. 아들은 그때마다 울면서 아버지를 말렸고, 아버지가 술을 마시고 들어오면 아들과 친정집으로 피신하였다. 견디다 못해 5년 전 이혼했으며 식품공장에 함께 다니던 현 남편을 만나 재혼했다. 현 남편도 두 번째 결혼으로 역시 술을 많이 마시는 편이다. 아들은 클라이언트의 결혼에 반대했고, 중학교 때까지는 공부도 잘하고 클라이언트를 잘 따랐으나 3개월 전부터 학교에 가려고 하지 않고 클라이언트에게 심하게 욕하고 구타까지 하게 되었다. (후략)

출처 : 이영실 외(2010), p. 330.

- 문제 중심 기록

문제 중심 기록은 현재 제시되고 있는 문제를 중심으로 구성되며, 문제영역을 규명하고, 사정하고, 각 문제에 대하여 무엇을 할 것인지에 대한 계획을 기록하는 것이다(이영실 외, 2008). 이 방법은 문제에 초점을 맞춘 관점을 갖게 되고 문제해결의 진전에 대한 점검과 사후조사를 위해 사용된다. 특정 문제에 초점을 두게 되어 적절하지 않은 정보는 기록에서 삭제될 수 있다. 문제 중심 기록은 SOAP 형식에 따라 기록한다(조성숙·이신영, 2013).

〈표 2-29〉 문제 중심 기록 방법(SOAP)과 예시

문제 중심 기록(SOAP) 기록방법		문제 중심 기록 예시 (정신과 입원환자 퇴원계획 면접)
S (Subjective information)	클라이언트나 가족으로부터 얻는 주관적 정보, 기본적 자료, 클라이언트가 느끼는 자신의 상황에 대한 인식과 감정 등	퇴원하고 싶어요. 퇴원하면 다시는 입원하지 않을 거예요. 특별한 계획은 없어요.
O (Objective information)	검사와 관찰로부터 얻은 객관적 정보, 전문가의 관찰, 검사결과, 체계적 정보 등	퇴원계획 면접에 관해 협조적 태도로 임하였다. 클라이언트의 차트를 보니 입퇴원을 3번 반복하였고, 퇴원 후에는 주로 집에 방치되고 치료유지가 안 되는 것으로 기록되어 있다.
A (Assessment)	주관적 정보와 객관적 정보를 검토해서 추론된 전문가의 해석이나 결론	퇴원 자체를 목표로 하고 있어, 퇴원계획을 위한 면접에는 협조적이다. 퇴원 후 지역사회적응을 위한 클라이언트와 가족의 자원이 직계가족 정도로 협소하나, 모두들 생업에 종사하여 주로 집에서 지내게 될 것이고, 이는 그동안 재입원의 악순환을 반복할 것으로 보인다.
P (Plan)	문제를 해결하기 위한 방법이나 계획	퇴원계획의 목표에 대한 분명한 인식을 갖도록 돕고, 재입원 경험에 대한 클라이언트의 입장을 경청하여 퇴원 후 생활에 대한 예측과 계획을 알아본다.

출처 : 이영실 외(2008), p. 333 재구성.

• 프로그램 관리기법 활용

프로그램 실행계획을 구체적인 프로그램으로 실행하기 위해서는 과정별 수행상황과 구체적인 시간계획 등이 수립되어야 한다(신복기 외, 2019). 대표적인 프로그램 관리기법에는 활동별 시간 계획표(Gantt chart), 프로그램 평가 검토기법, 총괄진행표 등이 있다.

- 활동별 시간 계획표

활동별 시간 계획표는 1919년 산업공학자 헨리 간트(Henry Gantt)가 고안한 관리기법으로 공정표 또는 간트도표(Gantt chart)로 칭해지기도 한다. 활동별 시간 계획표는 하나의 프로그램을 완성하기 위해 일정 기간 동안 행해질 의도적인 활동들을 일목요연하게 정리한 것으로 추진과업과 프로그램이 어떤 일정으로 진행되는지를 한눈에 파악할 수 있도록 돕는다.

활동별 시간 계획표(Gantt chart)의 작성 방법은 먼저 세로축에 과업이나 세부 프로그램 내용을 나열하고 가로축에는 월별 일정란을 만든 후 기록된 과업이나 세부 프로그램의 진행시기를 음영이나 화살표로 표현한다. 통상적으로 월 단위로 1년 기간을 표현하지만 주 단위로 세분화할 수도 있다.

〈표 2-30〉 간트도표 예시 : 방과 후 교육을 위한 자원봉사 교사파견 사업

구 분	월별 진행계획								비고
	5월	6월	7월	8월	9월	10월	11월	12월	
홍보와 자원봉사 회원모집	■								
방과 후 프로그램 실시기관 발굴	■	■							
아동복지에 대한 전반적인 교육 실시 및 간담회	■				■				
방과 후 교육교사단 파견			■	■	■	■	■		
평가회								■	

출처 : 신복기 외(2019), p. 188.

- **프로그램 평가 검토기법**(PERT : Program Evaluation and Review Techniques)

프로그램 평가 검토기법은 1950년대 미 해군에서 사용한 관리기법으로 목표달성의 기한을 정해놓고 설정한 주요 목표나 활동의 상호

관계와 시간 계획을 연결시켜 도표로 나타내는 것이다. PERT는 명확한 목표를 가진 프로그램을 조직화하고 진행시간표를 작성하여 예산을 관리하여 프로그램 진행상황을 추적해 가는 데 매우 유용한 관리기법이다. PERT를 수행하기 위해서는 먼저 과업완성을 위해 필요한 작업을 단계별로 분류하고, 작업단계별로 분류된 각 작업공정을 완성하는 데 드는 시간을 산정해야 한다. 아울러 한 작업 완료 후 연결되는 작업, 동시에 진행되어도 무관한 작업, 진행 중에 시작할 수 있는 작업을 구분한다. 마지막으로 작업단계와 시간을 결합시켜 PERT 차트를 만든다(신복기 외, 2019).

과업	기간(분)	수행자
1. 시작	0	
2. 도시락 준비	15	철수
3. 인원 배정	10	수정
4. 식수 준비	2	수정
5. 바구니 준비	2	수정
6. 약도 준비	2	철수
7. 청소도구 준비	3	수정
8. 차에 운반하기	4	철수
9. 기름 넣기	6	철수
10. 장소로 이동	20	수정
11. 끝	0	

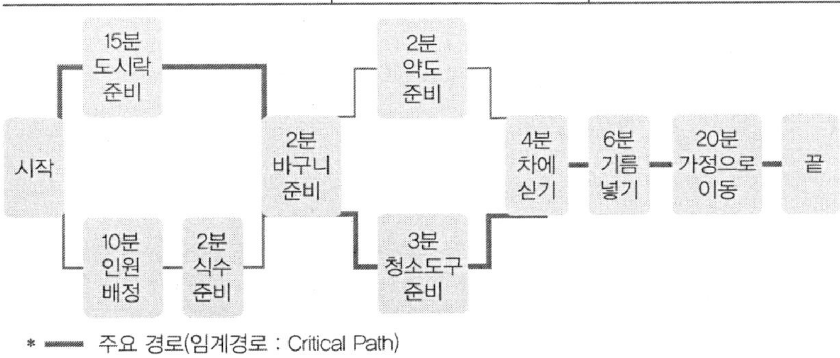

❙그림 2-2❙ PERT 예시 : 독거노인 도시락 배달 프로그램

출처 : 신복기 외(2019), p. 190.

- 총괄진행표

총괄진행표(flow chart)는 흐름을 나타내는 그림 차트로서 사전적으로 프로그램 논리순서, 작업, 제조공정, 조직도, 비슷한 형식을 갖춘 구조 등을 그래픽으로 표현하기 위한 형식으로 정의된다. 프로그램 기획서에서는 단순히 활동의 흐름을 보여주기보다 전체적인 조직도와 활동 및 서비스 구성도를 함께 보여주는 것이 좋은 방법이다.

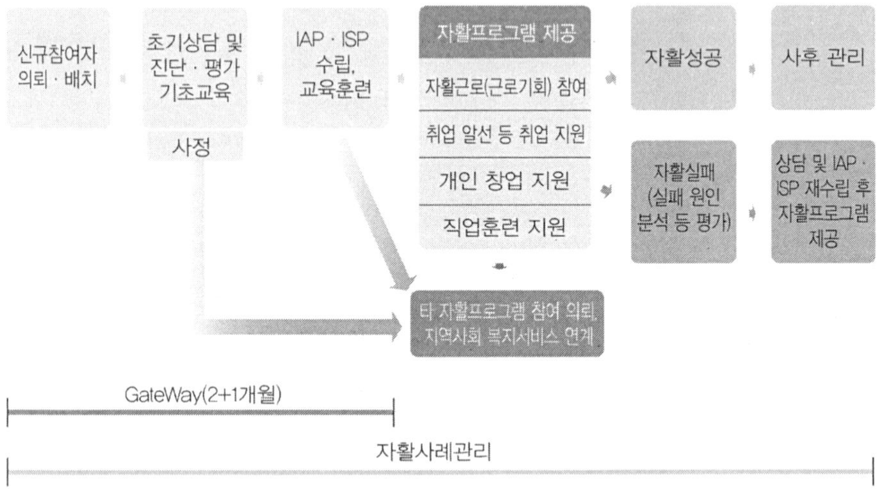

| 그림 2-3 | 총괄진행표 예시(자활사례관리)

출처 : 사회보장정보원(2021), p. 54.

- <u>프로그램 질 관리</u>

급변하는 사회환경 속에서 사회복지조직도 복지 욕구에 적절한 서비스를 제공하고 책무성을 다하기 위해 서비스의 질적 제고와 이를 강화할 수 있는 전략을 지속적으로 모색해야 한다. 서비스 질 측정에 있어 가장 많이 사용되는 것이 파라슈라만과 그의 동료들(Parasuraman et al., 1988)이 제시한 신뢰성, 대응성, 보증성, 공감성, 유형성의 다섯 가지 차원으로 구성되어 있는 SERVQUAL이다.

〈표 2-31〉 SERVQUAL의 하위 차원

차 원	만족도 요소
신뢰성	고객과 약속된 서비스를 제공할 수 있는 서비스 기관의 능력
대응성	신속한 서비스 제공 및 고객을 도우려는 자세
보증성	서비스 제공자가 보유한 지식, 예의, 신뢰와 확신
공감성	고객을 배려하고 개별적인 관심을 보이는 태도
유형성	시설, 장비, 직원 복장 등 서비스의 외형적인 품질

출처 : 조성우 외(2018).

⑥ 6단계 : 프로그램 성과 및 평가

프로그램 평가란 프로그램에 관한 정책적인 계획 수립을 위해, 사회복지조사방법론을 활용해서 프로그램의 과정과 결과에 관해 자료를 수집하고 분석한 후, 성과를 판단하는 활동이다.

프로그램 평가의 목적은 다음과 같다. 첫째, 프로그램의 정당성을 승인받기 위해서이다. 사회복지기관은 공공재원을 활용해서 프로그램을 운영하므로 프로그램의 효과성, 효율성, 투명성 등을 언제나 확보해야 한다. 프로그램 평가를 통해 클라이언트에게 최선의 서비스가 제공되고 있고 그 서비스를 통해 클라이언트와 지역사회가 변화하고 있는지를 입증할 수 있어 다양한 이해관계자로부터 서비스의 정당성을 승인받을 수 있다. 둘째, 프로그램에 대한 정책적 의사결정을 하기 위해서다. 평가 결과를 근거로 향후 프로그램 운영 방법과 기관의 정책적인 의사결정을 수행할 수 있다. 객관적인 평가 결과를 가지고 기관의 관리자와 실무자는 프로그램의 지속 여부, 투입할 예산과 인력, 참여자 자격기준, 이용기간, 서비스 내용, 운영시기 등에 대한 개선책을 찾게 된다. 셋째, 사회복지 전문성 강화를 위해서이다. 사회복지기관과 직원은 프로그램 평가 결과를 통해 실천지식과 기술이 클라이언트의 삶의 변화에 효과적인지 확인할 수 있다. 평가를 통해 사회복지 전문성에 대한 지속적인 피드백을 받는다.

평가 방법은 논리모델을 기반으로 살펴보면 크게 투입과 과정을 평가하는 과정평가와, 산출과 성과에 대해 평가하는 성과평가가 있다. 과정평가는 얼마나 적절한 자원이 투입되었는지, 그리고 그 과정은 계획대로 충실하게 수행되었는지를 평가한다. 과정평가의 주 목적은 품질을 개선하기 위함이다. 성과평가는 프로그램의 효과성을 입증하기 위해 실시하는 평가로 목표를 달성하기 위한 실적이 충분히 산출되었는지, 클라이언트 혹은 지역사회의 변화가 나타났는지를 평가한다.

〈표 2-32〉 과정평가와 성과평가 비교

구 분	과정평가	성과평가
용 도	프로그램 품질 향상을 위해	프로그램 효과 입증
논리모델 초점	투입과 과정	산출과 성과
평가지표	품질 관련 지표	변화 관련 지표
평가자	기관 직원들, 외부 전문가	프로그램 담당자
독 자	내부 직원	외부 이해관계자
평가시기	프로그램 운영 중	프로그램 종결 후
평가의 성공요인	풍부한 정보	객관성
활용자료	주로 질적 자료	주로 양적 자료
자료수집방법	주로 회의	심리검사, 설문조사, 면접 등

출처 : 조성우 외(2018).

〈표 2-33〉 프로그램 개발과 평가 예시

배우자와의 이별(사별, 이혼)로 홀로 사는 여성 노인의 New Life Style Plan Project"Bravo My Life!"

Ⅰ. 프로그램 실시 배경

한국의 여성 노인들은 우리 사회를 지배해 온 성차별주의, 가족 중심주의 등의 규범과 더불어 사회문화적 편견을 강요받으며 살아왔다. 남성 배우자에게 의존적이었던 가부장 사회 내의 여성에게 배우자의 상실은 삶의 물질적, 정신적, 사회적 기반을 잃는 것과 다름없기에, 다른 세대와 달리 더 큰 충격과 문제를 가져올 수 있다. 신체적 노화 증세를 겪으며 각종 질병으로 나약해지는 이 시기에 배우자의 상실은 노년의 삶 전체를 뒤흔드는 우울감과 외로움을 초래할 수 있으며, 사회 관계망 감소로 인한 사회적 고립은 삶의 질에도 직접적인 영향을 미친다. 이에 본 복지관에서는 독거 어르신 우울 증세 감소를 위한 지지 체계 구축 프로그램 등의 선행 경험을 바탕으로, 배우자와의 이별에 있어 충격이 큰 초기 노인(55~64세)의 우울 감소를 위한 Peer-Group 지지 체계를 구축하고 노인 발달 과업인 자아 통합을 도모함으로써 삶의 만족도 및 수용 능력 확대를 비롯한 능동적 노후 생활을 완성할 수 있도록 지원하였다.

Ⅱ. 프로그램 개요

1. 목적

초기 노인(55~64세) 중 배우자의 이별(사별・이별)로 정서적・사회적 어려움을 겪는 여성 독거 노인을 대상으로 Peer-Group의 지지 체계 구축과 New Life Style Plan(경제 활동・여가 활동・사회 참여・건강 증진)을 지원함으로써 자아 통합을 이룩하고, 능동적인 노후 생활을 완성하고자 한다.

2. 목표

목표 1. 종결 시 대상자 탈락률 0% 달성

목표 2. 참여자의 80% 한국형 노인 우울 검사 척도(KGDS) 4단계 중 1단계 향상

목표 3. 참여자의 80% 자아 통합감 향상(각 하위 척도 자아 존중감, 자아 효능감, 생활 만족도 5점 향상)

목표 4. 참여자의 80% 능동적 노후를 위한 자체 설문 만족

3. 프로그램 대상

대상자 구분	주된 참여자	배우자와의 이별(사별 및 이혼)을 경험하여 홀로 사는 여성 노인
	주변 참여자	없음
인원 수	총 18명(탈락자 7명)	

Ⅲ. 프로그램 진행 및 평가

1. 세부 프로그램 진행 내용

프로그램	일정	횟수/ 인원	수행방법
사업홍보 및 대상자 모집	연중	19회/ 5명	• 사업 홍보 - 지 역 교회 주보 복지관 소식란, 복지관 내 홍보 게시판, 홈페이지 및 SNS 등 이용자 모집 안내문 게재 - 홍보 전단 배포(신문 삽지, 동 주민센터 및 사회복지 시설 홍보 공문 발송, 복지관 이용자 및 자원봉사자 대면 안내 등)
			• 대상자 모집 - 이용자 및 자원봉사자, 지역 주민 등 사업 홍보 - 프로그램 참여자 그룹 내 눈덩이 표집을 활용한 추가 모집

<table>
<tr><th colspan="2">프로그램</th><th>일정</th><th>횟수/
인원</th><th>수행방법</th></tr>
<tr><td colspan="2">오리엔테이션</td><td>4, 9월</td><td>2회/
6명</td><td>복지관 소개, 프로그램 취지 안내, 담당자 및 참여자 소개, 일정 및 프로그램 논의, 점심 식사 진행</td></tr>
<tr><td colspan="2">참여자 상담</td><td>연중</td><td>67회/
539명</td><td>• 프로그램 일정 안내, 개인 상담 등
- 주 1회 전화 및 문자 안내, 참여자 초기 상담(Intake), 1 : 1 포커스 인터뷰(프로그램 평가)</td></tr>
<tr><td colspan="2" rowspan="2">집단상담</td><td>1집단
5~7월</td><td rowspan="2">18회/
66명</td><td rowspan="2">• '회상'을 주제로 2개 집단을 운영함. 1집단은 총 10회, 10명이 참여함. 2집단은 1집단 커리큘럼을 수정 보완해 총 8회, 4명이 참여함
• 커리큘럼(2집단 기준)
- 1회기 : 자기 소개 및 명찰 만들기, 레크리에이션, 규칙 정하기
- 2회기 : 사진 속 추억과 현재 비교하기, 청년기 나의 꿈 소개
- 3회기 : 자녀 출생~출가 과정 이야기, 내게 기쁨을 주는 3요소 알기
- 4회기 : 연애·결혼 생활 이야기, 빈 의자 기법을 활용해 속마음 꺼내기
- 5회기 : 슬픔 해결 방법, 삶에 대한 감정 표현하기, 서로 칭찬하기
- 6회기 : 인생 정의, 그래프 그려 점수 매기기, 향후 하고 싶은 것
- 7회기 : 내가 가장 자랑스러웠을 때, 앞으로 내가 행복해지는 방법
- 8회기 : 좌우명 발표, 나에게 주는 상장 만들기
• 강사 : 고동량(당시 서구제일종합사회복지관 부장), 1집단 1~5회기 강사 진행 이후 담당자 직접 진행</td></tr>
<tr><td>2집단
10~11월</td></tr>
<tr><td rowspan="2">N.L.
S.P.</td><td>건강
증진</td><td>4~12월</td><td>18회/
130명</td><td>• 건강에 대한 개념 인식과 신체 건강 발판 마련, 정신 건강 강화를 통한 사회적 고립 탈피를 위해 시행함. 5~6월 각 1회, 8월 이후 주 1회 실시
- 헬스장 체험 : 인바디 측정, 트레이너 1 : 1 상담, 노인 질환 예방 교육, 스트레칭, 근력 강화 운동(4월, 총 1회)
- 생활 체조 : 유승희 서구청솔대 생활 체조 강사 지도로 댄스 음악을 활용한 유산소 및 스트레칭(5~12월, 총 17회)</td></tr>
<tr><td>여가
활동</td><td>4~12월</td><td>10회/
68명</td><td>• 참여자가 많이 경험해 보지 못했거나, 새로운 분야지만 향후 가정에서 취미로 해볼 수 있는 주제를 선정해 진행</td></tr>
</table>

프로그램		일정	횟수/ 인원	수행방법
				- 4월 : 영화 관람 - 5월 : 수성못 나들이(3호선 모노레일 및 오리배 체험) - 6월 : 네일 아트 - 7월 : 레크리에이션, 원석 팔찌 만들기, 비누 꽃다발 만들기(월 2회) - 8월 : 영화 관람 - 9월 : 화관 만들기 - 10월 : 도예 체험(접시, 화분 만들기), 팔공산 나들이(월 2회) - 12월 : 다도 체험
	사회 참여	4~12월	6회/ 39명	• 여가 활동의 연장선에서 재능 나눔 방식으로 물품 제작 및 나눔 활동 진행 - 4월 : 봄 요리(스프링 롤) 만들기(요양 보호 시설, 경로당에 나눔) - 5~6월 : 손수건 만들기(지역 주민에 나눔) - 7월 : 초코칩·녹차 쿠키 만들기(정신 장애인 사회복귀 시설에 나눔) - 9월 : 리본 공예(플리마켓 판매, 수익금 복지관 전달) - 11월 : 과일청 만들기(음식 바자회 판매, 수익금 복지관 전달)
	경제 교육	6-11월	4회/ 31명	• 노년기의 여유로운 재무 환경 조성을 위한 경제 교육 - 6월 : 성인 금융 상식 및 노년기 재무 관리(KRX한국거래소 협조) - 8월 : 보이스피싱, 금융 다단계, 보험 사기 예방(금융감독원 협조) - 9월 : 재무 관리, 연금 관리, 상속 관리(국민연금공단 대구지역본부 협조) - 11월 : 기관 및 일자리 참여 방법 안내(대구중부시니어클럽 협조)
자조모임		6~12월	10회/ 69명	• 사회적 관계망 강화, 독서를 통한 새로운 가치관 습득, 개인 정체성 재평가 위한 유언장 쓰기 등 다양한 활동 진행 - 6월 : 함누리 희망나눔 축제 참여, 벽화거리 방문 및 향후 프로그램 논의 - 8월 : 점심 식사 및 하반기 자조 모임 활성화 논의, "마법의 코칭" 독서 서평 나눔 - 9월 : 미소와 행복을 함께하는 한가위 축제 참여, 지진 대피 교육

프로그램	일정	횟수/인원	수행방법
			- 11월 : 유언장 쓰기 - 12월 : 따뜻한 겨울나기 캠페인 음식 바자회 참여, "행복한 인생" 특강
사이코드라마	10~11월	3회/ 18명	• 강사 이형진(대구대학교 겸임 교수) 지도로 사이코드라마 진행 - 1회 : 내 인생 되돌아보기(빈 의자 기법, 걸림돌 해결하기) - 2회 : 소원 풀이(마술 가게) - 3회 : 미래에 대한 희망(미래 역할 놀이)
만족도 조사 (사전검사 포함)	연중	8회/ 39명	• 사전·사후 조사 : 한국형 노인 우울 검사(KGDS), 자아 존중감, 자아 효능감, 생활 만족도 척도 활용 • 만족도 조사 : 1집단 집단 상담 및 프로그램 종강 시 자체 만족도 조사
종강식	12/14	1회/ 11명	따뜻한 겨울나기 캠페인 기금 전달(과일청 판매 금액), 만족도 조사, 동영상 감상, 수료식(상장 및 기념품 전달)

2. 과정평가

프로그램	목표량	산출량	평가 결과
사업홍보 및 대상자 모집	10회/-	19회/ 5명	• 애로사항 - 대상자 특성에 따른 모집 난항 예상 • 자문 - 참여자 수보다 프로그램 지향점에 초점 맞출 것 - 눈덩이 표집을 활용해 자연스럽게 참여 권유 - 가능한 모든 홍보 방법을 동원할 것 - 홍보 전단을 나눠 주면서 복지관 방문 및 개인 상담 유도 • 대처 - 대상자 모집 범위를 대구광역시 전체로 확장, 이혼·사별 외 기타 사항 인정, 참여 연령대 조정(55~65세 → 60대 전체) - 전단 제작 및 신문 삽지 활용 - 동 주민센터·사회복지 시설 직접 방문을 통한 홍보 - 참여자의 지인 소개 및 초청 적극 권유 • 성과 - 이용자 3명 모집하여 오리엔테이션 실시 - 이후 눈덩이 표집으로 신청서 기준 최종 18명 참여

프로그램	목표량	산출량	평가 결과
			- 사업 홍보의 경우 목표치를 훨씬 웃도는 190%를 실시함 - 대상자 모집 관련 초기 목표는 사별, 이혼 각 10명씩 모집이었으나 사별 8명, 이혼 8명, 기타 사유(무단 가출, 미혼) 2명으로 총 18명만 모집함 - 사업 홍보 및 대상자 모집 인원 수는 실적을 계획하지 않았으나 9월 이후 신규 참여자 5명이 실적에 포함되었기에 19회/5명으로 최종 마감 - 혼자서는 활동에 참여하기 두렵다는 참여자 인터뷰를 통해, 동반 참여가 새로운 활동을 유도하는 데 큰 동력이 됨을 확인함. 눈덩이 표집을 통한 참여자 발굴은 매우 효과적이었음
오리엔테이션	1회/20명	2회/ 6명	• 성과 - 딱딱하고 형식적인 분위기 탈피 - 복지관 및 프로그램에 대한 호감 및 신뢰 증진을 위한 편안한 자리 마련 - 참여자 대부분이 "대접받는 기분이다"라고 표현하는 등 호감 상승 확인 - 목표 대비 건수 200% 달성, 참여 인원 수의 경우 초기 참여자 모집 부진으로 30% 달성 - 하반기 2집단 모집으로 오리엔테이션 1회 추가 진행, 계획 대비 초과 달성 - 초기 계획은 참여자를 사전에 모두 모집하여 오리엔테이션을 진행하는 것이었으나, 집중 홍보 시기에 단 3명의 참여자만 모집함으로써 참여자 수가 미달 산출됨
참여자 상담 및 관리	20회/400명	67회/ 539명	• 애로사항 - 프로그램에 대한 참여자의 열의 부족 - 복지관에 대한 물리적·심리적 거리감 - 라포 형성 어려움 • 대처 - 매주 다른 내용으로 프로그램 구성하여 흥미 유도 - 주 1회 전화 또는 문자를 활용한 프로그램 안내 및 안부 연락(라포 형성) • 성과 - 담당자와 참여자 간의 친밀감으로 프로그램에 대한 애착 증진 및 출석률 향상 - 개인 상담을 통한 사회적 관계망 확인, 욕구 발견·계획 대비 실적 각 335%/134% 달성. 이는 프로그램 출석

<table>
<tr><th colspan="2">프로그램</th><th>목표량</th><th>산출량</th><th>평가 결과</th></tr>
<tr><td colspan="2"></td><td></td><td></td><td>요청 및 개인 상담(Intake 과정 및 포커스 인터뷰 포함), 복지관 행사 안내 등 프로그램 당일 외 참여자와의 상담, 관리 차원의 개입을 모두 포함한 수치임</td></tr>
<tr><td colspan="2">집단상담</td><td>10회/
200명</td><td>18회/
66명</td><td>• 애로사항
- 담당자의 집단 경험 전무, 관찰자 역할 부재, 출석률 저조
• 대처
- 집단 상담 관련 교육에 담당자 참석, 1집단을 담당자 아닌 타 직원(부장)이 일부 운영하여 선행
- 담당자는 관찰자로 참여하며 역동 관찰
• 성과
- 참여자와 공감대 형성이 가능한 진행자가 투입되면서 보다 편안한 분위기 형성, 담당자의 관찰 및 보조로 흐름 보완, 사전 역동 관찰로 진행자 교체 후에도 담당자, 참여자 모두 부담이 없었음
- 동일한 사건을 경험한 참여자들의 공감대 형성, 새로운 사회적 지지 체계 형성 및 확장
- 사별, 이혼 2집단 상담을 각 10회 진행하려 하였으나 집단 상담 첫 회기 진행 시 참여자 수 미달(9명)로 통합 진행함. 하반기에는 신규 참여자의 지속적 발생으로 2집단을 새로 구성, 총 18회 집단 상담을 실시함으로써 목표의 180%를 초과 달성함</td></tr>
<tr><td>N.L.
S.P.</td><td>건강증진</td><td>24회/
480명</td><td>18회/
130명</td><td>• 성과
- 몸에 무리가 가지 않는 선에서 장년층이 쉽게 따라 할 수 있는 체조 활동으로 높은 만족도 도출
- 실제 가정에서 기상 후 체조 동작을 따라한 참여자 증가
• 아쉬운 점
- 프로그램 진행과 복지관 강당 일정이 겹쳐 부득이하게 프로그램실에서 진행함에 따라 참여자 수가 증가한 하반기에는 장소가 비좁았음.
• 주 1회 주제별 건강 관리 프로그램으로 진행하고자 했으나 진행 초반 참여자의 흥미 증진을 위해 N.L.S.P. 프로그램을 순환하여 4, 5월 격월 진행해 목표 대비 75% 달성함.
• 참여 인원 중 관절염 등으로 활발한 신체 활동이 어려운 참여자들이 건강증진 프로그램 시간이 지나 출석하거나, 다양한 사유로 결석하면서 27%의 성과 도출</td></tr>
</table>

프로그램		목표량	산출량	평가 결과
	여가활동	8회/ 160명	10회/ 68명	• 성과 - 단순 활동이라 해도 미경험 주제를 활용해 다양한 프로그램 진행, 참여자에게 성취감 및 정서적 만족감, 즐거움 제공 - 노래를 주제로 2달간 집중적으로 실시하고자 했으나 프로그램을 변형하여 기본 월 1회 실시, 목표 대비 125% 달성 - 정원 미달 및 높은 결석률 등으로 계획 대비 42%의 참여자 수 도출
	사회참여	9회/ 180명	6회/ 39명	• 성과 - 봉사를 여가 활동의 연장선으로 접근해, 봉사가 부담스럽거나 어렵지 않다는 인식 고취 - 제작품 판매를 통한 수익금 전액 캠페인 기부금 전달, 개인 성취감 증진 • 아쉬운 점 - 참여율이 낮을 경우 나눔처에 적합한 수량을 맞추기 위해 당일 참여자의 부담 증가 - 재능 나눔 방식이라 대상자와 소통하며 추억을 쌓을 수 있는 직접 경험 전무・초기 사회 참여 프로그램의 경우 단순 봉사 활동뿐만 아니라 경제 활동을 목표로 하는 사회 교육까지 계획했으나, 참여자의 즐거움에 초점을 두고 여가 활동의 연장선이 됨에 따라 프로그램이 변형되었음. 따라서 목표 대비 66%/21% 계획 달성
	경제교육	6회/ 120명	4회/ 31명	• 프로그램을 진행하며 참여자들의 구직 욕구 파악, 실질적 도움이 되고자 노인 일자리 창출 현장인 시니어 클럽 기관 방문 • 성과 - 참여자와 비슷한 연령대 강사로 노후 준비에 대한 공감대 형성 - 참여자가 가장 원하는 욕구에 직접 개입・계획과 유사하게 프로그램을 진행했으나 출석률 저조로 66%/25% 성과 도출
자조모임		7회/ 140명	10회/ 69명	• 애로사항 - 복지관 행사와 프로그램 진행 중복 - 작은 글씨로 인해 독서에 대한 부담 표출 • 대처 - 행사 참여 방식의 자조 모임으로 프로그램 전환

프로그램	목표량	산출량	평가 결과
			- 함께 읽기 부담 없는 분량을 큰 글씨로 타이핑해 독서 진행 • 성과 - 참여자들이 직접 즐길 거리를 찾아 자유롭게 여가 시간으로 활용 - 평소 알고 지내던 지인들과 동참하여 복지관 홍보 효과 특수 - 가족과의 소통 창구로써 자조 모임 프로그램 내용(유언장) 활용 ・서평 나누기, 중식 지원 등 비교적 다양하게 자조 모임을 진행하여 계획 대비 초과 실시했으나 출석률 저조(142%/49%)
사이코드라마	-	3회/18명	• 애로사항 - 1~3회기 모두 참여자 변동으로 연속성 저하, 같은 아파트에 사는 참여자 때문에 자유로운 표현 어려움 • 성과 - 1집단에서 라포가 형성되지 않아 이야기할 수 없었던 부분을 자유롭게 표현 - 2집단 참여자에 대한 심도 있는 접근 - 도구 및 게임을 활용한 자연스러운 롤플레잉 진행 ・계획에 없던 부분이었으나, 자문 교수 및 기관 내 슈퍼비전을 통해 집단상담의 부족한 면을 보완하고자 시행. 당시 프로그램 출석률이 60~80%에 이르렀으나, 10월 나들이 시즌과 맞물려 참여자의 개인 일정이 잦았던 탓에 오후 프로그램 결석률이 높았음
만족도 조사 (사전검사 포함)	2회/ 40명	8회/ 39명	• 애로사항 - 사전 조사 시 오류 발견(양면 출력한 조사지를 단면으로 생각해 뒷면 미응답) - 글을 읽기 어렵거나 난해한 단어가 있어 설문 조사를 부담스러워하는 경우 • 대처 - 모든 설문 조사지는 단면 출력 - 글자 크기 확대 - 글 읽는 것에 부담을 느끼는 참여자는 직원이 1 : 1 도움 - 프로그램 만족도 조사의 문제점 보완 위한 포커스 인터뷰 진행 • 성과 - 사전・사후 조사만 생각하고 계획하였으나 실제 사

프로그램	목표량	산출량	평가 결과
			전 조사의 경우 신규 참여자의 발생으로 인해 여러 차례 실시함 - 설문 조사 또한 사전·사후, 1집단 집단 상담 만족도, 종강 시 프로그램 만족도 조사 등 총 네 가지를 진행해 목표 초과 및 유사 달성(400%/97%)
사업 평가회	1회/ 50명	1회/ 11명	• 성과 - 참여자들이 프로그램에 참여하면서 보여준 모습을 담은 상장을 제작하고 수여해 행복감과 자아 존중감 고취 - 기념품으로 개인별 4단 액자를 제작해 수여함으로써 프로그램에 대한 만족감 증진 • 아쉬운 점 - 프로그램 중 참여자들이 이룬 성과물을 전시해 1년을 돌아보고 지인을 초대해 함께 나누고자 하였으나 여건이 적합지 않아 무산됨. • 외부 손님 미초청으로 계획 대비 성과 미달성(100%/22%)

3. 효과 평가

1) 양적 평가

성과 목표1	성과지표	자료원 및 수집방법	
종결 시 대상자 탈락률 0% 달성	출석률	• 출석부 • 운영 일지	과정 기록지

평가 결과
• 1회성 참여를 포함, 본 프로그램의 참여 인원은 모두 20명이었음. 그러나 실제 이용 신청자는 18명에 그쳤으며, 이중 7명이 개인 사정으로 중도 포기 및 불참해 약 38%의 탈락률을 보임(사유 : 구직 활동 1명, 4회 연속 불참으로 인한 탈락 6명) • 칩거 중인 이용자가 많을 것으로 예상하고 프로그램을 계획했으나, 예상과 달리 참여자 대부분이 활발한 경제 및 사회 활동중이었음. 이러한 변수는 높은 탈락률의 사유가 되었음 • 높은 탈락률에도 불구하고 하반기에는 프로그램 출석에 대한 참여자들의 의지가 매우 강했음. 개인적인 일정이 있어도 잠시 복지관에 들러 건강 증진 프로그램에 참여한 후 가거나, 출석 전날 서로 연락해 같이 가자고 권하기도 함. 또한 제 시간에 오지 않는 참여자에게 전화해 빨리 오라고 독촉하고, 빠지면 안 된다며 마지막까지 열심히 하자고 서로 다독이는 모습에서 지속적으로 참여해 온 참여자들의 프로그램에 대한 애착을 알 수 있었음 • 당초 목표와 달리 프로그램 참여자의 탈락률은 높았으나, 프로그램에 대한 참여자의 강한 애착은 출석률과 참여 의지를 통해 확인할 수 있었음

성과 목표2	성과 지표	자료원 및 자료 수집 방법	
참여자의 80% 한국형 노인 우울검사(KGDS) 척도 4단계 중 1단계 향상	우울 척도 점수	• 참여자 • 척도 검사지	사전·사후 검사
평가 결과			

- 사전·사후 검사에서 한국형 노인 우울 검사(KGDS)를 실시하였으며 검사 결과 내 오류(일괄 체크, 일부 문항 미응답 등)가 있는 참여자는 결과 도출에서 제외함. 또한 9월 이후 신규 참여자의 경우 사전·사후 검사의 변화 수치가 미미할 것으로 판단하여 사전 검사 미실시
- KGDS 척도는 1~13점, 14~18점(우울 의심 및 경도 우울), 19~21점(중도 우울), 23~30점(심한 우울)까지 4단계로 구분함
- 사전 검사 결과 탈락자를 포함하여 모든 문항에 빠짐없이 응답한 참여자는 9명으로 나타났으며 사후 검사의 전체 문항 응답자는 11명이었음. 그러나 중간 탈락자, 신규 참여자를 제외하고 사전·사후 검사에 모두 올바르게 응답한 참여자는 4명에 그쳤음. 전체 참여자 집단에서 사전 검사 최고점인 19점을 기록한 참여자가 중도 탈락함으로써 프로그램 효과를 극명하게 확인하거나 일반화를 도출하는 것이 어려워짐
- 참여자 4명의 사전·사후 KGDS 점수는 아래 표와 같음

〈KGDS 사전·사후 검사 점수 평균값〉

	사전 점수 평균	사후 점수 평균	비고
전체 참여자 18명*	7.20**	7.18	▼0.02
사전·사후 전체 응답자 4명	6.75	8.75	▲2.0

* 전체 참여자 : 사전 검사 응답 9명, 사후 검사 응답 11명(중복 4명)

** 중간 보고서에서 사전 점수 평균을 15점 내외로 표기하였으나 역점수 환산에서 오류가 있어 다시 점수 환산하였으며, 이로 인한 결과 변동 있음

- 전체 참여자 집단 기준 점수 비교 시, 4명을 제외한 각 사전 검사 응답자 5명과 사후 검사 응답자 7명은 다른 집단임. 사전 조사대상을 통제 변수로, 프로그램 자체를 독립 변수로 볼 때 사후 검사 점수가 미미하게나마 감소한 것은 프로그램에 참여한 것이 우울감 완화에 영향을 주었다고 볼 수 있음
- 그러나 실제 프로그램 효과성을 검토할 수 있는 대상인 사전·사후 전체 응답자 4명(A, B, C, D)의 점수를 보면 정반대의 결과가 도출되었음. A와 B 참여자는 사전 검사와 비교해 사후 검사에서 각각 5, 8점이 상승했고, C와 D 참여자는 각각 1, 4점이 하락함

2) 질적 평가

최초 사업 계획 당시 질적 평가를 염두에 두었으나 진행하면서 따로 실시하지 않았음. 결과 평가를 앞두고 프로그램의 최종 목적에 대해 참여자 개인의 달성 여부를 심도 있게 파악하고자, 당시 실현 가능한 현상학적 연구방법으로 새로운 질문을 구성해 포커스 인터뷰를 진행함.

연구 질문1	패러다임	자료 수집 방법	자료원	자료 수집 시기
프로그램에 참여함으로써 사회적 관계를 맺은 참여자들은 나에게 긍정적 영향을 주었는가?	내러티브 접근	포커스 인터뷰	참여자 6명	12월 결과 평가

평가 결과

- 본 질문은 사회적 지지 체계 구축에 대한 평가 지표로, 참여자들이 프로그램에서 만난 사람들을 통해 어떤 도움을 얼마나 받았는지 파악할 수 있었음
- 인터뷰 응답 내용
  - C : "꼭 나를 물질적으로 도와주는 것보다 서로가 걱정해 주는 게, 저 사람도 나를 아니까 나한테 '뭐 아픈 건 좀 어떻노? 야야 어떤데, 어떻게 지냈어?' 이렇게 물어봐 주는 게 도움이 되지. 사람이 살아가면서 나이 먹을수록 친구가 많아야 되고 전화 한 번 했을 때 내한테 급히 달려올 친구가 있으면 인생 잘 살았다 하잖아. 그러니까 도움이 됐지."
  - D : "마음의 도움이 되지. '그래, 아파서 어짜노. 혼자 있으면 서럽다. 밥이라도 챙겨 먹어라. 병원에 꼭 가라' 그런 얘기 해주면 내가 위안이 되지."
  - A : "그 사람 한 번 봄으로 인해서 이롭고, 서로 빚지고도 나를 반가이 맞아주고 또 친구들이 그렇잖아. 보고 본 척 만 척 이러면 재미없잖아. 싱글벙글 나를 한 번 쳐다봐 주고 웃어주고 손 잡아주고 그게 얼마나 좋아. 나는 그렇게 생각해. 나를 한 번 더 웃게 해주잖아. 친구가 나보고 웃는데 내가 안 웃을 일이 없지. 그 사람이 내 밥그릇 뺏어간 것도 아니고 그러니까 안 웃을 일이 없고 좋은 점이 많지."
- 참여자들은 프로그램에 참여해 누군가를 만나는 것이 정서적으로 큰 도움이 되며 위로를 받았다는 일관된 응답을 함
- 그 외의 응답으로 "프로그램에 참여하면서 같이 놀러 다니고 사람을 만나면서 속에 있는 답답함이 풀렸다", "올 데가 있다는 것 자체가 도움 된다"가 있었음
- 이러한 인터뷰 결과로 미루어 보아 참여자들은 "Bravo My Life!"라는 프로그램을 통해 비슷한 상황을 겪은 참여자들로부터 공감대를 얻었을 뿐만 아니라 새로운 지지 체계까지 형성할 수 있었음. 이러한 공감대 및 지지 체계가 비록 물질적인 도움은 아니지만 심리적, 정서적으로 많은 위안을 얻고 있음을 알 수 있음

연구 질문2	패러다임	자료 수집 방법	자료원	자료 수집 시기
새로운 인생을 살 수 있는 기회가 주어진다면 지금과 다른 방법으로 살 것인가?	현상학적 연구	포커스 인터뷰	참여자 6명	12월 결과 평가

평가 결과

두 번째 연구 질문은 참여자의 자아 통합 정도를 살펴보기 위한 질문임. 자아 통합이란 '과거의 행동, 심리 등 전반적인 부분에 있어 후회나 미련이 없는 상태'로 정의함

- 참여자에게 "지금으로부터 정확히 24시간 후에 죽는다면 무엇을 하고 싶은가?"라는 선행 질문으로 죽음에 대한 인식을 파악한 다음 특정 행위를 하겠다고 응답하는 경우 "그것은 그 행

동, 또는 생각을 이전에 하지 못했던 미련이 있기 때문인가?"라는 질문에 대한 참여자의 대답을 듣고 본 질문을 제시하였음

- 본 질문의 경우 "본인이 적절하다고 생각하는 나이로 다시 돌아가 새로운 인생을 살 수 있는 기회가 주어진다면 그 기회를 받아들이겠는가? 받아들인다면 지금껏 살아온 것과 전혀 다른 방법으로 살 것인가?"라는 의미이며, 참여자가 이전에 이루지 못했던 것과 그에 대한 미련을 파악하고자 함
- 응답자 6명 중 3명은 새로운 인생을 살지 않을 것, 3명은 새로운 인생으로 돌아갈 것이라고 응답하였음
- 돌아가지 않을 것이라고 응답한 참여자의 경우. 2명은 지금이 가장 행복하기에 후회도 미련도 없다고 하였으나 다른 1명은 지금과 달리 좀 더 활발하고 사교적으로 살고 싶다고 응답함. 그러나 어려운 일을 너무 많이 겪었기에 굳이 그 연령대로는 돌아가고 싶지 않다고 응답하였음
- 반면, 새로운 인생을 살고 싶다고 한 3명의 참여자의 경우, 2명은 새로운 사람을 만나 사랑하며 살고 싶다고 응답하였고 1명은 자녀와의 이별 전으로 돌아가고 싶다고 응답하였음
- 이 응답과 더불어 참여자들과 '죽음'에 관하여 이야기했을 때 대부분이 죽기 싫다거나 죽음을 두려워하는 반응보다는, 이미 죽음을 통한 이별을 사전에 경험했거나, 또는 죽음에 가까워지기 시작하는 나이에 접어듦에 따라 죽음을 자연스럽고 당연한 것으로 받아들이는 경우가 많았음. 이를 종합해 결론을 내보면 개인에 따라 60여 년간 살아온 삶의 방식은 다양하고 가치관에 따라 우선시하는 가치도 모두 다양하게 나타남. 때문에 자아 통합의 경우에도 가치관에 따라 상이한 결과를 보인다고 할 수 있음

연구 질문3	패러다임	자료 수집 방법	자료원	자료 수집 시기
적극적인 삶을 살기 위해 앞으로 해야 할 일은 무엇이라고 생각하는가?	내러티브 접근	포커스 인터뷰	참여자 6명	12월 결과 평가

평가 결과

- 능동적 노후 생활을 '내가 생각하는 어떠한 가치를 위해 활동하는 것'으로 정의하고, 참여자에게 "가치 있는 인생은 무엇인가? 나만의 가치 있는 삶을 사는 것이 60~80세가 되어서도 중요한 것인가?"라는 사전 질문을 한 후 "그렇다면 나만의 가치 있는 삶, 적극적인 삶을 위해서 나는 무엇을 해야 하는가?"에 대해 질의함
- 인터뷰 응답 내용에서 공통 범주는 봉사(헌신)와 가족으로 나타남
  - F : "내가 조금 손해 보고 남을 즐겁게 하는 게 좋고 또 먹는 것도 같이 나눠 먹는 게 좋고 나보다 남을 더 배려하는 그게 가치 있는 삶이다. 나는 지금 70~80%밖에 적극적으로 살지 못하고 있다. 내가 축소되는 게 남편도 없고 또 아들 장가도 못 보냈고 경제적인 것도 조금 그렇고. 그 세 가지가 안 돼. 100% 적극적인 사람들은 경제적인 거 신경 안 쓰고 자기 하고 싶은 대로 하는 사람들이지만 그래도 나는 아직까지 내 경제가 모자란다."
  - A : "가치 있는 인생은 남에게 민폐는 주지 말고 그냥 누구한테 양심을 속이지 말고 어디에서든 떳떳한 사람이 되고, 남이 너를 봤을 때 뒷꼭지 대고 손짓하는 그런 짓은 하지

마라. 잘 살고 못 사는 건 너무 연연하지 마라. 사람이 먹을 만큼 있으면 되지 또 너무 가진 것도 없고 내가 힘도 안 되는데 너무 욕심내서 할라 카면 힘들어서 인생 재미없다. 어떤 행동을 통해서 그런 삶을 이루어야 되는지, 그런 건 잘 모르겠고 정말로 내가 남을 도울 수 있다면 나는 돈으로 어디다 불우이웃도 하고 봉사 자꾸 다니고 이런 건 못해. 못하지만 내가 길 가는 할머니 짐 보따리를 집어줄 수는 있고 이웃집에 밥 못 먹는 할머니, 아이들이 있다면 할머니 반찬을 갖다 줄 수도 있고 그 정도지."

- D : "가치 있는 인생을 위해서는 사람의 도리를 하면서 살아야지. 친구들 밥도 자주 사줘야 되고."

• 각자의 가치관인 양심, 도리 등과 더불어 베푸는 것에 초점을 둔 분이 계신 한편, 가족 내의 역할에 초점을 둔 참여자도 있었음

- C : "나는 내 인생을 잘 살았다고 생각해. 내 가족을 위해서 내 새끼들에 최선을 다했고 남부럽지 않게, 손가락질 안 받기 때문에 나는 내 인생 가치 있게 살았다고 생각해. 가치 있는 인생은, 여기서 뭘 하든 더 나아지진 않잖아. 몸이고 마음이고 정신이고 더 좋아지진 않잖아. 하루하루 갈수록 지금 이 생활에서 그냥 최선을 가지고 살지. 더 나은 삶을 살겠다는 거, 더 가치 있게 해 보겠다는 거, 그건 몸부림이지. 함부로 행동할 수는 없는 거 같아. 나이가 먹을수록 한 해 한 해 갈수록 몸도 마음도 더 못해지지. 나아지지는 않으니까 뭐를 더 가치 있게 하겠어. 하지만 나는 지금 최선을 다해서 사는 거 같아요. 지금 내 일을 놓고 싶은 맘은 없어. 내 힘이 있을 때까지는 힘에 안 부치고 몸이 따라준다면 일은 손에서 안 놓고 싶어. 지금 내 힘에 맞게, 몸에 맞게 하면 나머진 그냥 내 인생에 맞게 하는 거지. 얼마 전에 내가 다쳤던 거처럼 되면 적극적으로 사는 게 아니라 자식한테 민폐가 되는 거지. 몸과 마음이 따로면 그건 안 하는 것보다 못 하는 거 아닌가."
- B : "내 기준에서 잘 살았다는 인생은 생활에 실패 안 하고 가정 울타리 안의 생활이지. 나는 내 애들하고 잘 살았다고 생각해요. 내가 엄마 자리에서 중심을 잡아가지고 밀고 나간 게 성공했다고 생각해. 여기서 변화가 필요하다면 좀 더 화끈하게 살고 싶어. 내가 근검절약하면서 살았으니까 앞으로는 내가 자식한테 해주고 싶으면 화끈하게 사줄 수 있고, 어디라도 가 가지고 맨날 얻어먹지만 말고 밥도 내가 한 번씩 살 수 있고 당당하게 놀러 가자 하고, 하다못해 기름 값이라도 애들한테 주는 그런 엄마가 되고 싶어."

• 그 외의 반응으로는 주변 사람들에게 잘 하고 착하고 정직하게 살면서 스스로 뭘 할 것인가, 비어있는 시간을 어떻게 보낼지 계속 고민하면서 살아야 한다는 응답이 있었음
• 포커스 인터뷰에 응한 참여자 모두가 가치 있는 삶을 위해 앞으로도 노력해야 한다는 것에 대해 동의하였고, 다들 그런 삶을 위해 물질적 또는 정신적 행위가 뒷받침되어야 한다고 주장하였음. 즉, 참여자 전원이 가치 있는 삶을 위해 각고의 노력을 하고 있으며 능동적인 노후 생활을 지속하고자 하는 의지를 파악할 수 있었음

Ⅳ. 사업 성과

1\. 복지관 신규 이용자 발굴 및 중장년 세대의 새로운 욕구 확인

본 복지관에서 실시한 2014 이용자 욕구 조사 분석 결과 장애인 및 노인을 위한 프로그램은 굉장히 많이 실시되고 있으나 흔히 '끼인 세대'라고 표현되는 중·장년을 위한 사업은 전무한 실정이었다. 이러한 시점에서 삼성복지재단의 지원을 받아 은퇴 및 노후를 맞이한 세대 중에

서도 특별히 이별을 경험한 여성을 대상으로 Peer-Group 지지 체계 및 자아 통합 증진, 능동적 노후 생활을 지원하는 신규 프로그램을 진행하였다. 덕분에 대구 전역에서 복지관 신규 이용자를 모집할 수 있었고, 본 프로그램을 진행하며 예상하지 못했던 해당 세대의 다양한 생활 모습과 욕구를 파악할 계기가 되었다. 그 결과, 2016년 한 해 동안 본 프로그램 외에도 50~60대 여성을 위한 평생 교육 프로그램을 개발・운영하는 등 새로운 성과를 도출하였다.

2. 능동적 삶을 위한 사회적 관계망 형성

본 프로그램을 운영하며 참여자 간의 라포 형성 및 지지 체계를 구축함에 따라 프로그램과는 별도로 소그룹 활동이 활발해졌다. 개중에는 유희를 즐기는 그룹도 있었으나 사회 활동을 즐기는 그룹도 있었다. 특히 참여자 간 동반 봉사를 통한 사회 참여로 능동적 삶을 함께 누리기도 하였다. 예컨대 봉사 단체에서 매월 무료 급식, 교통 정리 봉사 등에 활발하게 참여하던 1집단 참여자가, 활동 의지는 있으나 방법을 몰라 애태우던 2집단 신규 참여자를 봉사 활동에 인도한 경우도 있었다. 이렇듯 서로에게 긍정적 영향을 미치는 사회적 관계망이 지속적으로 유지될 때 참여자들은 더욱 능동적이고 적극적인 노후 생활을 영위할 수 있다. 따라서 본 프로그램은 봉사 활동 경험이 전무한 참여자에게 새로운 활동의 초석이 되었다고 볼 수 있겠다.

3. 다양한 경험을 통한 여가 시간 활용 및 향후 일상 생활 증진

본 프로그램에서는 참여자들이 경험해본 적 없는 활동을 다양하게 실시하면서 참여자들의 일상 생활 및 여가 증진에 노력을 기하였다. 여가 활동의 경우 1회성 활동이 주를 이루었으나 복지관에서의 경험을 가정 내에서도 활용할 수 있도록 구성하였다. 때문에 참여자들의 만족도가 상당히 높았을 뿐만 아니라 일상 생활에서도 취미, 여가 활동에 활용하는 모습이 나타나기도 했다. 더불어 건강 증진 프로그램도 집에서 손쉽게 따라할 수 있도록 도구와 기구 없이 간단한 동작으로 구성된 체조 활동을 주로 실시하여 대부분의 참여자들이 "집에서 쉽게 할 수 있어 좋았다"는 긍정적 의견을 보였다.

현재 프로그램은 종료되었으나 복지관에서 진행한 활동을 지속적으로 되새기며 일상 생활에 도입・활용한다면 새로운 취미, 여가 활동이 될 수 있을 것이다. 이는 향후 삶의 질에 긍정적인 영향을 미쳐 우울감 감소 및 생활 만족도 증진으로 이어질 수 있을 것으로 사료된다.

Ⅴ. 향후 계획

참여자들은 종강식에서 이구동성으로 "이런 모임이 또 어디 있겠느냐, 이렇게 흩어지기에는 너무 아깝다. 한 달에 한 번이라도 만났으면 좋겠다"는 등의 아쉬움을 표하였다. 참여자들 스스로 정기적인 봉사 활동이나 자조 모임을 해보자고 제안하기도 했다. 이에 복지관에서도 참여자들이 향후 자조모임을 통해 서로 간의 지지 체계를 확장하고 능동적 생활을 이어나갈 수 있게 프로그램실을 사랑방처럼 자유롭게 이용했으면 좋겠다는 의견을 전달하였다.

다음 연도 프로그램 운영에 대해 참여자들과 다양한 의견을 주고받을 때, 프로그램이 계속 이어졌으면 하고 회비를 내서라도 다시 참여하고 싶다는 의견이 주를 이루었다. 이를 감안하여 내년에는 참여자 자조 모임 및 사회 활동의 일환으로 월 1회 정기 봉사 활동을 계획하여, 이를 활용한 새로운 목적의 프로그램을 구성하고자 한다.

출처 : 삼성복지재단(2017). 2016 작은나눔 큰사랑 우수사례집 중 사례3 서구제일종합사회복지관(윤숙현).

〈서식〉 실습생 – 중간평가서

실습중간평가서

* 본 평가서는 사회복지현장실습 지침서를 참고하여 실습생 본인이 작성하며, 서술양식으로 작성한 뒤 실습 실습지도자와 평가회를 갖는 것을 추천함.

실습생명		기관명	
실습기간		실습지도자	
실습평가일		실습지도교수	

1. 실습목표와 관련된 실습내용 및 역할에 대한 평가
    1.1. 수행한 실습내용 및 역할의 요약
    1.2. 평가
    1.3. 앞으로의 계획

2. 실습에 임한 자세 및 노력

3. 실습을 통해 배운 점

4. 앞으로 더 필요한 지식과 기술

5. 실습에서 어려웠던 점

6. 기관 및 실습지도자에게 건의할 점

〈서식〉 실습생 – 사례관리 계획서

사례관리 계획서

실습생명 :

클라이언트명		성 별		조사일	
주 소		전화번호		작성일	
직 업		학력		연령	
의뢰경위		경제상태	□ 일반 □ 저소득 □ 수급자		

1. 일반적인 사항
- 가족상황, 경제상황, 건강 상황, 일상생활 및 주거상황, 사회심리적 상황, 자원활용 상황

2. 클라이언트에 관한 사항
- 신체, 인지, 정서, 행동기능 면/ 클라이언트의 강・약점

3. 욕구진술

4. 개입계획

욕구	결과목표	세부목표	표적체계	개입전략 및 수행방법	비고 (역할분담 등)

5. 서비스 일정표

날짜	담당	서비스 목표	서비스 내용	준비물	비고

〈서식〉 실습생 – 사례관리 진행일지

사례관리 진행일지(회)

클라이언트명		실습생명	
일시		장소	

1. 목표 및 내용

결과목표	하위목표	서비스목표	서비스내용

2. 과정기록

3. 평가

1) 목표달성 및 서비스 평가

2) 클라이언트에 대한 평가

3) 사례개입에 대한 자신의 역할 평가

4. 계획

〈서식〉 실습생-사례관리 종결 기록서

사례관리 종결 기록서

클라이언트명	
실습생명	
서비스제공기간	

1. 제공된 서비스

2. 사례관리 목표 달성 정도

3. 사후지도 계획

〈서식〉 실습생 – 프로그램 계획서(대집단 및 지역사회복지)

프로그램 계획서(대집단 및 지역사회복지)

프로그램명		지도자(실습생)명	
대상		참여자 수	
기간		장 소	

1. 프로그램 실시 배경

2. 프로그램 목적

3. 프로그램 목표

결과목표 1		결과목표 2	
하위목표 1-1		하위목표 2-1	
하위목표 1-2		하위목표 2-2	

4. 목표관련 지도 내용 및 구체적 수행방법

결과목표	하위목표	지도 내용	수행방법	비고

5. 평가계획

평가지표	
평가도구	
평가방법	

6. 회기별 일정표

횟수	일시	목표	내용	준비물

7. 예산

〈서식〉 실습생 – 프로그램 평가서(대집단 및 지역사회)

프로그램 평가서

프로그램명		지도자(실습생)명	
대상		참여자 수	
기간		장 소	

1. 프로그램 목적 및 목표달성 평가

결과목표	하위목표	달성 정도	평가 근거	의의

2. 프로그램 과정 평가

1) 준비과정

2) 진행과정

3) 종결 및 정리과정

3. 프로그램 만족도 평가

4. 예산평가

5. 추후 프로그램을 위한 제언

5. 사회복지현장실습 종결단계

사회복지현장실습에서 종결단계는 실습기간 동안 학습한 실천기법과 기술을 확고히 하는 단계이며, 실습생의 실습 결과를 통합하고 정리하는 단계이다. 실습지도자와 실습생은 실습을 통해 수행한 업무와 지식 및 기술 향상에 대하여 논의하고, 과정을 점검하며, 실습 전반에 대한 최종평가를 실시하게 된다. 또한 종결단계에서는 실습생과 실습지도자가 실습과제를 마무리하고 평가하는 공식적인 업무처리뿐 아니라 인간적 관계를 종결하는 작업도 해야 한다(임정문 외, 2021; 한국사회복지사협회, 2017).

종결단계의 실습내용과 과제, 활용양식은 〈표 2-34〉와 같다(한국사회복지사협회, 2017).

〈표 2-34〉 종결단계의 실습내용과 과제, 활용양식

단계	주요 내용	과제물	활용양식
종결 및 평가단계	• 종결 - 사례종결 - 실습종결 • 평가 - 실습만족도와 실습평가 실습보고회	사례종결보고서 실습만족도 작성 실습보고회 진행 실습평가서	실습만족도 실습평가서 현장실습확인서

1) 종결단계-실습지도자의 역할

종결단계에서 실습지도자의 주요 과업은 실습생들이 실습을 통해 그 동안 학교에서 배운 내용을 실천현장에 접목해 보는 과정을 통해 실천지식과 기술에 대한 실습생의 이해의 폭을 확장하면서 학습내용을 확고히 하도록 지도하는 것이다. 또한 클라이언트나 집단과의 전문적 관계를 종료하는 연습을 통해 전문적 관계의 경계를 학습하기도 하며, 무엇보다도 사회복지사로서 자신의 강점과 약점에 대한 인식을 통해 자신감을 확고히 하며 전문직에 대한 정체성을 형성하도록 지도해야 한다.

종결단계 실습지도자의 역할을 정리하면 〈표 2-35〉와 같다(한국사회복지사협회, 2017).

〈표 2-35〉 종결단계 실습지도자의 역할

역할	내 용
행정적 역할	• 실습 총평가서를 토대로 실습목적 및 목표에 대한 점검과 함께 부족한 부분을 보완할 수 있는 방법 제시 • 평가 관련한 전 과정에 대한 실습기관 내의 행정적 절차에 대한 이해와 평가 후 실습대학과의 공식적 피드백 과정에 대한 이해를 도모 • 실습 종결과 관련된 제반 행정적인 절차
교육적 역할	• 개별 또는 집단 종결보고서를 제출하면서 실습생이 수행한 역할에 대해 평가를 함과 동시에 클라이언트의 종결, 동료 실습생과의 관계의 종결, 실습지도자와의 관계의 종결을 준비하도록 하는 데 초점을 둠
지지적 역할	• 실습생의 실습과정에서의 노력과 수행한 내용에 대한 긍정적인 피드백을 통해 강점을 더 발전시키면서 확고히 하도록 긍정적인 피드백을 제공 • 실습과정의 긴장, 갈등, 스트레스 등을 해소하도록 하며 실습생에 대한 격려의 시간을 마련
평가적 역할	• 실습생 개인별 실습목표의 방향을 점검함 • 실습일지에서 초기 단계에서의 일지와 슈퍼비전을 통해 성장한 부분들을 비교하여 제시함 • 실습생 개별에 대한 관심(실습생이 가지고 있는 현장에 대한 고민, 동료 실습생 간의 관계에서의 고민 등)이 필요함 • 실습 최종단계를 준비할 수 있도록 도움 • 실습생 간 역동에 대해서 살핌 • 팀워크를 잘 나타낼 수 있도록 개인별 강점을 발견하도록 돕고, 지지하며, 권한을 주는 것에 초점을 둠(한국사회복지사협회, 2014b)

2) 평 가

종결단계에서 이루어지는 실습평가의 목적은 실습을 통하여 학교교육의 목적 구현과 실습교육에 대한 목표 달성 정도를 평가하고, 추후 필요한 학습이나 훈련의 영역을 발견하고자 하는 것이다. 실습평가의 필요성은 첫째, 합리적 의사결정을 인도하기 위해서이며, 둘째, 실습 참여 학생들로 하여금 사회복지적 개입방법과 실천방법의 효과성을 확인하여 사회복지실천에 관한 지식기반의 확충에 공헌하기 위함이다. 마지막으로 실습평가가 필요한 이유는 실습평가가 책무성 확보를 위한 자료를 제공하여 실습지도가 참여학생으로 하여금 만족스럽게 수행되고 있다는 증거, 즉 정당성의 근거가 되기 때문이다(신민선 외, 2020).

평가의 과정은 먼저 실습종결평가서 및 실습총평가서를 작성한 후 이를 바탕으로 개별 평가와 집단 평가를 진행하고, 실습종결평가보고회, 실습만족도 평가서 작성, 실습지도자평가서 작성 등의 과정을 거친 후 최종적으로 실습총평가서를 학교에 제출하는 것으로 마무리된다. 실습종결평가서의 내용을 중심으로 살펴보면 실습일정・내용・역할에 대한 평가, 실습목표 달성에 대한 평가, 실습생의 전문적인 역량에 대한 평가, 실습생의 자원의 활용에 대한 평가, 실습에 임하는 자세에 대한 평가, 전문적 태도에 관한 평가, 실습지도자 및 슈퍼비전 활용 정도에 관한 평가, 기관 이해도에 대한 평가 등이 있다.

실습평가는 실습생과 실습지도자가 각각 작성한 후 평가항목을 상호 비교하면서 피드백을 제공하고, 실습생과 실습지도자가 서로 다르게 평가한 항목에 대해서 서로 의견을 나누면서 전문적인 성장을 위한 피드백을 제공하도록 한다(한국사회복지사협회, 2017).

종결평가의 원칙에는 전문성 개발에 대한 평가, 실습 수행상의 자세 및 노력에 대한 평가, 사회복지사로서의 자아인식에 대한 평가 등이 있다(한국사회복지사협회, 2016).

(1) 실습생 종결평가에 대한 원칙

① **전문성 개발에 대한 평가** : 실습기관에서 제공받은 학습 프로그램 및 실습과제 수행평가를 통하여 실습을 통한 전문성 개발 정도를 평가한다. 실습지도 기록서를 활용하면 슈퍼비전을 통한 실습생의 성장과 슈

퍼비전 내용의 적절성 등을 평가할 수 있다.

② **실습 수행상의 자세 및 노력에 대한 평가** : 실습생 스스로 자신의 실습지에 대한 적응태도, 실습지도자와의 관계, 실습지에서 가용한 자원에 대한 활용 정도 등을 평가한다.

③ **사회복지사로서의 자아인식에 대한 평가** : 실습을 통해 발현된 사회복지사로서 실습생의 강점과 약점, 기관의 실무자 및 실습동료 들을 비롯한 실습지에서의 대인관계 활용 정도, 사회복지 인식과 동기에 미친 실습의 영향 등을 평가한다.

3) 관계의 종결

종결단계는 실습평가서를 제출하면서 실습을 마무리하는 단계인 만큼, 실습생이 수행한 역할을 평가함과 동시에 클라이언트와의 종결, 동료 실습생과의 관계의 종결, 실습지도자와의 전문적 관계의 종결을 준비할 수 있도록 지도해야 한다(한국사회복지사협회, 2017).

(1) 클라이언트와의 종결

클라이언트와 실습생은 현장실습을 통해 관계가 형성되는 초기에 현장실습에 대한 설명과 실습생이라는 신분에 대한 안내가 이루어져야 하고, 실습 종결이 임박해서는 관계를 원만히 마무리할 수 있도록 종결을 위한 활동을 마련하는 것이 좋다.

종결에 대한 클라이언트의 반응은 자신의 생활에서 다른 종류의 변화나 이별 시 보이게 될 반응을 반영한다. 경우에 따라서는 실습생의 종결에 양가적이며 복잡한 감정을 보이는 클라이언트도 있다. 실습교육 전문가들은 자신의 실습종결을 경험하면서 동시에 클라이언트와의 종결을 다루어야 하는 이중의 종결과제를 안고 있는 실습생에게 다음과 같은 조언을 제시하고 있다(Berg-Weger & Birkenmaier, 2000, 신민선 외, 2020 재인용).

① 클라이언트와의 관계 초기부터 실습생임을 밝히고 기관에 일정 기간 동안만 있게 될 것임을 알려준다. 클라이언트가 이를 알고 관계에 깊이 관여하지 않으려하고, 자신의 깊은 이야기를 하지 않을 수도 있으나 이에 대해서는 클라이언트가 결정할 권리가 있는 것임을 인정해야 한다.

② 실습생이 상실과 이별에 대한 실습생 자신의 감정에 주의를 기울일 수 있다면, 클라이언트가 이에 대해 가지는 정서적 반응에 대해서도 자유롭게 이야기하고 이를 경청할 수 있게 될 것이다. 클라이언트의 감정을 덮어두거나 거부하지 말고 존중해 주게 되면 클라이언트가 이별의 단계를 순차적으로 지나갈 수 있도록 도울 수 있다.

③ 아동의 경우 관계의 상실에 대해 적응하기 위해서는 더 많은 시간이 필요하다. 아동이 '마지막'에 대해 이해하고 있는 정도와 그에 맞는 대처기술을 고려해야 하고, 이에 대한 지지가 더 필요하다.

④ 계획했던 목표가 이루어지기 전에 실습이 종료되는 경우 성취감을 갖기가 어려워 실습생이 좌절감을 표현하기도 하나, 실습생이 기울인 노력과 그동안 이룬 작은 성취에 의의를 갖도록 하는 것이 필요하다.

⑤ 클라이언트와 종결을 다루기 전에 실습지도 시간 혹은 실습세미나 때 클라이언트와의 실제 종결과정에 대한 리허설을 해보는 것도 도움이 될 수 있다.

(2) 실습지도자, 기관 직원, 동료 실습생과의 종결

종결단계에서 실습생과 실습지도자는 모두 실습의 종결에 양가감정을 가지게 되는데, 실습을 무사히 마치고 학습과 교육관계를 성공적으로 이루어 낼 수 있었다는 데에 대한 안도감과 동시에 각자의 생활에서 중요했던 관계가 끝나게 되어 이로 인한 상실감을 경험하는 것이다. 실습지도자는 종결과정에서 실습생이 겪는 양가감정에 대해 세심하게 살피고, 실습생이 종결감정을 충분히 표현할 기회를 주도록 한다. 실습지도자의 종결감정에 대한 적절한 행동은 실습생에게 중요한 모델링의 역할이 되며 이는 실습생이 클라이언트와의 관계에 대한 종결에서 필요한 기술을 경험하는 기회가 되기도 한다. 기관의 직원, 동료 실습생들과도 종결에 대한 감정을 표현할 수 있는 기회를 제공하고, 감사 인사 등을 통해 종결을 준비하도록 해야 한다(서진환, 2001; 신민선 외, 2020).

〈서식〉 실습생 – 실습 종결 보고서

실습 종결 보고서

* 다음은 실습을 종결하면서 한 학기 동안 실습한 내용을 요약 정리하고 목표 달성 정도와 소감을 간략히 정리하는 보고서입니다. 이 종결보고서는 파일에 정리되어 사무실에 비치되며 다음 실습을 준비하는 학생에게 실습지 선정의 지침이 되는 자료로 활용될 것입니다.

실습기관		실습지도자	
실습부서		실습지도교수	
실습기간			
실습생		종결 일시	

1. 실습기관 소개
2. 실습기간 및 시간
3. 실습목표
   1) 실습생의 목표
   2) 실습기관의 목표
4. 실습내용 소개
   1) 실습일정
   2) 교육, 참관사항
   3) 담당업무
5. 실습목표와 달성 정도
6. 실습지도자와 실습지도 내용소개
7. 실습소감
   1) 힘들었던 것
   2) 제기되었던 질문들
   3) 배운 것
8. 향후 실습을 위한 제언
9. 기타 꼭 하고 싶은 이야기
10. 실습지도자와 기관에 대한 감사의 내용

〈서식〉 실습생 – 실습평가서

실습평가서

* 본 평가서는 사회복지현장실습 지침서를 참고하여 종결평가 내용을 실습생 본인이 작성하며, 서술양식으로 작성한 뒤 실습지도자와 평가회를 갖는 것을 추천함.

실습생명		기관명	
실습기간		실습지도자	
실습평가일		실습지도교수	

1. 실습일정에 대한 평가

2. 실습내용 및 역할에 대한 평가

3. 실습목표에 대한 평가
   1) 구체적이고 적절한 목표 설정 여부
   2) 목표의 달성 여부

4. 서비스 실천과정에 대한 평가 / 정책 및 행정 실습에 대한 평가
   1) 문제 파악 및 자료수집 능력 / 문제 인식 능력
   2) 문제 사정 능력 / 문제 분석 능력
   3) 개입 기술 / 문제해결을 위한 대안제시능력
   4) 면접 기술 / 기존지식과 정보의 사용능력
   5) 기록 기술 / 기록 기술
   6) 클라이언트와의 전문적인 관계 형성 / 유관 기관 및 관련된 사람들과 전문적인 관계 형성

5. 실습생의 자원 활용에 대한 평가(인적, 물적 자원)
   1) 기관 외의 자원 활용
   2) 실습과 관련된 참고서적의 활용

6. 실습에 임하는 자세에 대한 평가
   1) 업무관리
      (1) 시간 준수, 과제제출
      (2) 주어진 일에 대한 업무조절 능력

2) 직원과의 관계(실습지도자, 타직원, 타 전문직 직원)
3) 다른 실습생과의 관계
4) 실습에 있어서의 적극성 및 자발성

7. 전문적 태도에 대한 평가
1) 사회복지사로서 실습생 자신의 장・단점에 대한 인식
2) 전문가로서 윤리 및 가치관의 이행

8. 실습지도 활용 정도에 대한 평가
1) 실습생 자신의 실습지도 활용 정도에 대한 평가
(1) 기관 실습지도
(2) 대학 실습지도
2) 실습지도 자체에 대한 평가
(1) 기관 실습지도
(2) 대학 실습지도

9. 기관 이해도에 대한 평가
1) 실습생의 과업과 관련된 기관의 목적, 정책, 행정 절차에 대한 이해
2) 실습생으로서의 기관 내의 권한과 한계에 대한 인식

10. 실습기간 중 가장 유익했던 내용

11. 실습기간 중 가장 안 좋았던 내용

12. 실습기관, 실습지도자, 대학에 대한 건의사항

13. 기타 하고 싶은 말

〈서식〉 실습기관 – 실습평가서(교육기관 발송용)

실습평가서 (교육기관 발송용)

기관명		실습지도자	
실습부서		실습지도교수	
실습기간			
실습생		평가일시	

* **출석상황**

□ 무단결석 없음 □ 무단결석 1회 □ 무단결석 2회 □ 무단결석 3회 이상

* 다음은 실습생에 관한 평가입니다. 실습생이 실습지도 기간 동안 보여주었던 태도와 행동을 기준으로 아래 항목에 솔직하게 평가해 주기 바랍니다.
실습내용에 포함되어 있는 사항에 관해서만 평가하여 주시고, 평균에는 평가항목 총점을 평가항목 개수로 나눈 점수를 기입하면 됩니다.

(1점: 매우 그렇지 못하다.~5점: 매우 그렇다.)

항목	내 용	1	2	3	4	5
실습 지도에 대한 태도	1. 실습지도 시간을 엄수한다.					
	2. 적극적이고 긍정적인 자세로 실습지도에 참여한다.					
	3. 실습지도에서 지적된 내용을 수용한다.					
	4. 배우는 입장에서 진지하게 노력하고 발전하려는 태도를 갖는다.					
	5. 실습지도자와 실습생으로서 공식적 관계를 형성한다.					
기관이해 및 관계 유지	6. 동료 실습생과 긍정적이고 원만한 협력 관계를 유지한다.					
	7. 기관의 목적, 정책, 규칙, 사업내용을 이해한다.					
	8. 기관 내에서 실습생으로서의 권한과 한계를 알고 일한다.					
	9. 기관 내 타직원과 협조적인 대인관계를 형성, 유지하여 업무를 처리한다.					

기본적 태도와 자질	10. 일의 우선순위를 결정하는 능력이 있다.					
	11. 할당된 시간 안에 일을 계획하고 수행한다.					
	12. 자신의 장점과 단점을 잘 인식하고 대응한다.					
	13. 사회복지실천 지식을 실습내용에 적용한다.					
	14. 사회복지실천의 가치와 윤리를 갖고 임한다.					
	15. 전문가로서의 편견, 선입견, 고정관념을 인식하고 객관성을 유지한다.					
	16. 실습지도 내용을 실행에 옮긴다.					
	17. 실습과정을 책임감 있게 수행한다.					
기 록	18. 기록, 보고서 등을 정해진 일시에 제출한다.					
	19. 실습내용을 사실에 근거하여 정확하게 기록한다.					
	20. 실습내용을 체계적이고 구체적으로 기록한다.					
	21. 클라이언트와의 상호작용 및 실습생의 사고와 감정을 기록한다.					
	22. 실습지도를 통해 지적된 사항 및 배운 것을 정확히 기록한다.					
전문적 태도와 관계 형성	23. 클라이언트와 전문적 관계를 형성하고 활용한다.					
	24. 전문적 관계형성에서 동정과 감정이입을 구별하여 적용한다.					
	25. 주변의 자원을 파악하고 그것을 활용하려고 노력한다.					
	26. 비심판적이며 경청과 수용의 태도를 갖는다.					
	27. 클라이언트의 능력과 동기의 한계를 수용한다.					
	28. 실습지도자가 지시한 것을 잘 파악하여 실행에 옮긴다.					
개인에 대한 개입	29. 클라이언트가 표현한 의사소통과 암시적인 의사소통을 이해한다.					
	30. 실습생이 의도한 바를 클라이언트에게 명확하게 전달한다.					
	31. 클라이언트의 문제와 상황에 관련된 정확한 자료를 수집한다.					

영역	항목					
	32. 수집된 자료를 체계적으로 종합하고 이론에 기초하여 사정한다.					
	33. 클라이언트 가족 등 주변의 지지자원을 활용한다.					
	34. 클라이언트와 환경의 상호역동성의 이해아래 개입목표와 전략을 수립한다.					
	35. 개입목표에 따라 클라이언트의 긍정적인 변화를 유도한다.					
가족에 대한 개입	36. 가족의 역동성을 파악하고 가족상황에 관련된 정확한 자료를 수집한다.					
	37. 가족의 구조를 명확히 이해하여 필요한 가족개입의 기술을 활용한다.					
	38. 가족의 상호역동성의 이해 아래 개입목표와 전략을 수립한다.					
	39. 가족 구성원을 개별화하고 성원들이 긍정적으로 변화하도록 유도한다.					
집단에 대한 개입	40. 집단 역동을 파악하여 의미 있는 개입으로 집단을 지도한다.					
	41. 집단에서 주 진행자와 보조진행자의 의미와 역할을 알고 실천한다.					
	42. 집단의 구조를 명확히 하고 필요한 집단지도의 기술을 활용한다.					
	43. 집단 성원을 개별화하고 성원간 의미 있는 관계를 형성하도록 한다.					
	44. 집단의 목적에 대해 정확히 사정한다.					
	45. 정확한 사정에 입각하여 적절한 프로그램을 계획하고 실행한다.					
	46. 집단의 상호작용이 목적 지향적이고 성원들이 긍정적으로 변화하도록 한다.					
지역사회에 대한 개입	47. 지역주민들이 지역사회의 요구와 문제를 파악하도록 돕는다.					
	48. 파악된 지역사회요구를 사회행동으로 계획하고 실행한다.					
	49. 지역사회구조와 권력에 대해 이해하고 그 지역사회 상황을 정확히 파악한다.					
	50. 지역사회자원을 정확히 파악하고 접근한다.					

정책 및 행정분야	51. 정책형성 및 개선과 관련된 이해집단들의 문제 상황 및 요구와 정책발의자들 및 집행자들의 이해관계를 정확하고 객관적으로 이해한다.					
	52. 정책형성 및 개선과 관련된 이해집단과 건설적이고 전문적인 관계를 맺는다.					
	53. 문제 상황에 적합한 정책대안을 개발하는 데 적극적으로 참여한다.					
	54. 기본 정보를 정확히 사용하며 실증적인 자료 분석의 지식을 갖고 문제를 분석한다.					
	55. 사회복지행정체계 및 전달체계에 대해 정확하게 이해한다.					

항목	내용	1	2	3	4	5
기관 고유 항목*	56.					
	57.					
	58.					
	59.					
	60.					

* 기관 고유 항목에는 기관의 특성과 실습상황에 맞는 평가항목을 실습지도자가 추가적으로 직접 기입하고 평가할 수 있습니다.

<table>
<tr><td>총 평</td><td colspan="3">(※ 실습생의 실천가로서의 장단점 및 대학에 대한 건의)</td></tr>
<tr><td>평가문항 개수</td><td></td><td>총점</td><td></td></tr>
<tr><td>평균
(총점 ÷ 평가문항개수)</td><td colspan="3">(※ 기록 후 테이프 부착 후 실습지도자 서명 요망)</td></tr>
</table>

<table>
<tr><td rowspan="4">평점부여</td><td colspan="5">※ 여기에 부여하는 평점은 실습생이 받게 되는 성적표상의 최종 평점은 아닙니다. 교육기관 실습지도 점수와 함께 사회복지현장실습 평점 부여 시 주요 고려사항이 됩니다.</td></tr>
<tr><td>□ A^+</td><td>□ B^+</td><td>□ C^+</td><td>□ D^+</td><td rowspan="3">□ F</td></tr>
<tr><td>□ A^0</td><td>□ B^0</td><td>□ C^0</td><td>□ D^0</td></tr>
<tr><td>□ A^-</td><td>□ B^-</td><td>□ C^-</td><td>□ D^-</td></tr>
</table>

실습지도자 : 인

기관장 : 인

☞ Tip - 점수 기준 : 평가항목 중 해당되는 항목을 평가하여 평가한 문항으로 나누면 5점 만점 중 학생의 점수 평점이 됨. 5점~4.5점 사이는 A대의 점수 부여, 4.4~4.0점 사이는 B점수 대, 3.9~3.5사이는 C점수 대, 3.4~3사이는 D점수 대, 2.9 이하는 F이다./ 각 점수대의 +, 0, -는 점수범위의 분포에 따라 적절히 부여할 수 있음

〈서식〉 실습기관 – 사회복지현장실습 교육 수료증

사회복지현장실습 교육 수료증

수료번호 : ○○○○(연도)–○○(번호)

○○대학(원) 성명 : ○○○ (학번)

상기 학생은 아래의 과정을 수료하였으므로 사회복지현장실습 교육 수료증을 발급합니다.

–아래–

1. 실습지도자 :
2. 실습교육기관 :
3. 실습기간 :
4. 실습분야 :

년 월 일

○○기관장 (직인)

〈서식〉 실습생 – 사회복지 현장실습 확인서

〈2021.04.15.개정〉

사회복지 현장실습 확인서

[ ]신규발급, [ ]재발급 (앞쪽)

구분	항목	내용	항목	내용
실 습 생 인적사항	성명		생년월일	※「주민등록번호」 앞자리 6자리를 기재 바랍니다.
	휴대전화번호		학 교 명	※ 현재 소속중인 학교명을 기재 바랍니다.
실습기관 및 실습지도자	실습기관명		실습기관 관리번호	※ 실습기관 선정 시 부여된 등록번호 기재
	기관 주소	※「도로명 주소」로 기입해 주세요	전화번호	
	실습 지도자명	※ 실습생의 실습을 지도한 지도자명 기재	사회복지사자격번호 (취득일자)	제–호 (...)
실습기간	실습 기간	20 년 월 일 ~20 년 월 일		
	실습 시간	총 시간 (총 회, 1일 평균시간)		

실습기관은 「사회복지사업법 시행규칙」 제3조 [별표1]의 규정에 따라 자격요건을 갖춘 실습기관과 실습지도자에 의해 기관 실습을 진행하였으며, 상기 실습생이 위와 같이 기관실습을 하였음을 확인합니다.

20 년 월 일

기관실습 지도자 : (서명 또는 인) 기관실습 실시기관 : (직인)

구분	항목	내용	항목	내용
교육기관 및 세미나교수	교육기관 유형	[ ]오프라인 / [ ]온라인	교육기관명	※ 실습세미나 교육기관명을 기재 바랍니다.
	실습세미나 교수명		학 과 명	
	실습세미나 교수 취득학위 (사회복지학 또는 사회사업학)	[ ]학사, [ ]석사, [ ]박사	교육기관 전화번호	
실습세미나	실습세미나 기간	20 년 월 일 ~20 년 월 일		

	실습세미나 횟수(시간)	총 회 (시간)	대면방식 세미나 횟수 (시간)	총 회 (시간)
	오프라인 세미나	총 회	실시간 온라인 화상 세미나	총 회
간접실습	학교명		간접실습 지도교수	
	학과명		간접실습 실시시간	총 시간
	간접실습기간	년 월 일부터 년 월 일 까지		

교육기관은 「사회복지사업법 시행규칙」 제3조 [별표1]의 규정에 따라 자격요건을 갖춘 실습세미나 지도교수에 의해 실습세미나를 진행하였으며, 상기 실습생은 위와 같이 실습세미나를 이수하였음을 확인합니다.

20 년 월 일

실습세미나 교수 : (서명 또는 인) 학 과 장 : (직인)

한국사회복지사협회장 귀하

재발급 사유	※ 사회복지 현장실습 확인서 재발급 시 재발급 사유 기재 바랍니다.

[사회복지현장실습에 관한 기준] – 사회복지사업법 시행규칙[별표1] 사회복지관련 교과목 (제3조 관련)

① **기관실습 실시기관** : 보건복지부장관으로부터 선정된 사회복지사업을 수행하는 기관, 법인, 시설 또는 단체

② **기관실습 지도자** : 사회복지사 1급 자격증을 취득한 이후 3년 이상 또는 사회복지사 2급 자격증을 취득한 이후 5년 이상 사회복지사업의 실무경험이 있는 자로 기관실습이 실시되는 연도의 전년도에 8시간 이상의 보수교육을 받은 자

③ **기관실습 시간** : 160시간 이상으로 한다.(단, 시행일 2020.1.1. 기준일 2019.12.31. 사회복지학 전공교과목과 사회복지 관련 교과목의 전부 또는 일부 이수하였거나 수강하고 있는 사람은 120시간 이상)

④ **실습세미나** : 1회당 2시간 이상의 실습세미나를 총 15회 이상 실시하며, 정보통신망을 이용한 온라인 교육을 실시하는 교육기관의 실습세미나에는 대면 방식의 세미나가 총 3회 이상 포함되어야 하며, 한 세미나에 참여하는 학생 수는 30명 이내일 것

⑤ **실습세미나 교수** : 학사, 석사 또는 박사 학위 중 2개 이상의 학위를 사회복지학 또는 사회사업학 전공으로 취득한 사람으로서 3년 이상의 사회복지학 교육경험 또는 3년 이상의 사회복지사업 실무경험이 있는 교수가 지도할 것

※ 법령이 정한 상기 기준은 모두 충족해야 하며, 미충족 시 사회복지사자격증을 교부할 수 없습니다.

[사회복지 현장실습 확인서 작성 방법]

[주의 사항]

○ 실습확인서에 기재할 내용은 정자로 기재하거나 전자문서로 작성 가능합니다. 다만 전자문서로 작성 시 서명란은 직접 작성하여야 하며, 서명, 직인란에 전자파일의 삽입은 불가합니다.

○ 실습확인서 최초 발급 시 신규발급란에 체크하고, 재발급 시 재발급란에 체크 및 재발급 사유란에 사유를 작성합니다.

○ 사회복지현장실습 확인서는 원본을 원칙으로 하며, 자격증 신청 시 원본으로 제출하여야 합니다. (사본 제출 불가)

※ 사회복지 현장실습 확인서 내용을 허위 기재 및 위변조 시 이로 인해 발급된 사회복지사 자격은 취소될 수 있으며, 법적 제재를 받을 수 있습니다.

※ 사회복지현장실습 확인서는 자격증 신청 시 원본으로 제출되는 서류로 원본 관리에 유념하여야 합니다.

[실습생 인적사항]

○ 실습생 성명은 주민등록증에 등록된 이름으로 기재하며, 외국인의 경우 외국인등록증에 등록된 영문명으로 기재하여야 합니다.

○ 실습생의 생년월일은 주민등록번호 앞 6자리를 기재하여야 합니다.

○ 실습생 휴대전화번호는 연락 가능한 번호를 기재하여야 합니다.

○ 실습생의 교육기관명은 실습생의 실습 진행 당시 소속 중인 교육기관명을 기재하여야 합니다.

[실습기관 및 실습지도자 인적사항]

○ 실습기관명은 실습기관으로 선정 시 등록된 기관명으로 기재하여야 하며, 기관명을 약칭으로 기재가 불가합니다.

○ 실습기관 관리번호는 실습기관으로 선정 시 부여된 '실습기관 관리번호'를 기재하시기 바랍니다. (사업자등록번호 및 기타 시설신고증 번호 기재불가)

○ 기관주소는 도로명 주소로 기재 바라며, 전화번호는 연락 가능한 실습기관 전화번호를 기재 바랍니다.

○ 기관실습 지도자명에는 실습지도자로 등록된 지도자 중 실습생을 실제로 지도한 실습지도자를 기재 바랍니다.

○ 사회복지사 자격번호는 실습 지도한 실습지도자의 사회복지사 자격번호 (사회복지사 자격증 좌측 상단에 표시된 번호)를 기재하며, 취득 일자는 사회복지사 자격증에 기재된 발급 일자를 기재 바랍니다.

[실습기간 및 실습시간]

○ 실습기간은 실제 진행된 실습 기간 중 최초 시작일과 종료일을 기재 바랍니다. (실습기관별로 실습 O.T 등 실습시간에 포함되지 않는 기간은 기재하지 않아도 됨)

○ 실습시간은 총 실습시간과 횟수, 1일 평균 시간을 기재 바랍니다. (1일 4시간 이상 8시간 이하로 실습이 진행되어야 합니다)

[실습세미나]

○ 학교 유형을 체크해 주시기 바랍니다. (오프라인, 온라인 구분하여 체크)

○ 학교명은 현재 실습세미나를 운영하고 있는 학교명을 기재 바랍니다.

- 실습세미나 교수의 사회복지학 또는 사회사업학 학위 취득상황을 체크해 주시기 바랍니다. (학사, 석사, 박사 학위 중 2개 이상 학위를 사회복지학 또는 사회사업학으로 취득하여야 함)
- 실습세미나 교육기간 및 교육 횟수, 운영 시간을 기재 바랍니다. (온라인 교육기관의 경우 대면 세미나를 주 1회씩 총 3회 이상 진행하여야 함)

[서명 및 직인]

- 기관실습지도자, 실습세미나 교수는 서명 또는 도장을 찍어야 합니다. 서명의 경우 직접 작성을 원칙으로 하며, 도장 또는 서명을 전자 파일 형태로 삽입은 불가합니다.
- 사회복지현장실습 확인서 재발급 시 실습지도자 및 실습세미나 교수 퇴사 등으로 직접 서명이 불가할 경우 실습기관장, 학과장의 이름 기재 후 재발급에 따른 대리 서명 사유와 실습기관장 또는 학과장 직인을 찍어 제출이 가능합니다. 이 경우 상단 재발급 표기란에 체크 바랍니다.
- 기관실습 실시기관, 학과장의 경우 직인을 찍어야 하며, 전자 파일 형태로 삽입은 불가합니다.
- 기관실습 확인 일자는 실습을 진행한 기간보다 앞서 일자 기재가 불가하며, 실습세미나 확인 일자는 실습세미나 교육 기간보다 앞서 기재가 불가합니다.

[사회복지 현장실습 확인서 발급 절차]

기관실습	➜	사회복지현장실습 확인서 발급 (실습지도자 서명 및 기관확인)	➜	실습세미나	➜	실습세미나 확인 (실습지도교수 서명 및 학과장 확인)	➜	실습확인서 제출 (자격증 신청 시 원본 제출)

사회복지현장실습세미나 토론 주제 2	'나는 누구인가?'

• 진행방법

- 팀 구성 : 팀은 다양한 방식으로 구성할 수 있다. 참여한 기관의 종류에 따라 나누는 것도 하나의 방법이다(예 종합복지관, 아동기관, 노인기관 등).
- 먼저 팀원 각자가 자신을 표현할 수 있는 대표적인 키워드 네 가지를 적은 다음, 자신의 강점에 대해 공인된 성격강점 검사결과, 자신이 알고 있는 자신의 강점, 주변인이 생각하는 자신의 강점을 비교하여 공통점을 발견하고 이를 정리한다. 이어 자신의 강점이 사회복지사로서는 어떤 의미가 있을지 생각해 본다.
- 팀 전원이 돌아가며 자신이 정리한 생각을 발표하고, 의견을 나눈다.
- 팀원 중 한명이 이를 정리하여 팀별로 전체 학생을 대상으로 발표한다.
- 실습지도교수와 학생들이 서로의 소감을 나눈다.

① 나를 표현할 수 있는 키워드 네 가지	
•	•
•	•

② 공인된 심리척도/ 내가 알고 있는 나의 강점/ 주변인이 말하는 나의 강점 비교 결과

공통적으로 도출된 나의 강점은

이다.

③ 나의 강점이 사회복지사로서 나에게는 어떤 의미를 갖는가?

PART 02

사회복지와 윤리의 이해

CHAPTER 03 사회복지직과 사회복지사에 대한 이해

1. 전문직으로서의 사회복지직

직업으로서의 사회복지 논의에서 중심이 되는 사안은 '사회복지직이 전문직인가?'라는 문제일 것이다. 한 직업의 전문성은 주관적 인식뿐 아니라 객관적인 인정을 필요로 한다. 즉, 사회복지사 본인뿐 아니라 사회에서도 전문직으로 인정해야 사회복지직이 전문직이라고 할 수 있다(박지영 외, 2014). 전문직 정체성이 확립되면 사회복지사들은 직무만족을 이루게 되고 개인 및 조직의 업무 효과성, 효율성에 중요한 영향을 미치며 나아가 조직에 대한 헌신과 클라이언트에 대한 서비스 질을 높일 수 있다는 긍정적인 측면이 있다(김예경, 2000, 박희숙 외, 2021 재인용). 그동안 사회복지는 주변의 유사 직종과는 다른 차별성을 강조하고 전문직의 위상을 확고히 하기 위해 일련의 가치를 개발하고, 정교화를 꾀해 왔으며, 사회문제에 관한 관점도 종래의 미시적 관점에서 사회정의의 가치를 중시하면서 사회환경 변화를 지향하는 사회중심적 차원으로 옮겨가고 있다. 사회복지직의 전문적 정체성을 이해하기 위하여 '전문직'이 무엇인지 어떤 특징이 있는지 먼저 살펴보고 사회복지직의 전문적 정체성과 윤리의 관계에 대해서 알아보고자 한다.

1) 전문직의 개념과 특성

전문직이란 전문가가 배치되어 직무를 수행해야 된다는 것이 사회적·제도적으로 인정되고 있는 직무를 말하며, 다른 사람이 할 수 없거나 할 수 있더라도 불완전하게 하는 것을 자신은 완전하게 할 수 있다고 공언할 수 있는 직업, 또는 자신들의 일에 대한 배타적인 권한을 갖는 '독점'과 , 외부의 개입으로부터 자유로운 '자율성'의 특징을 지닌 직업 등으로 정의된다(이정호, 1989, 조추용, 1998 : 110 재인용; 한상훈, 1997 : 115, 서미경 외, 2015 재인용).

전문직 관련 이론을 중심으로 비전문직과 구별되는 전문직의 특성을 정리하면 〈표 3-1〉과 같다(서미경 외, 2015).

〈표 3-1〉 전문직의 특성

이 론	전문직의 특성
구조이론	• 전문직은 비전문직과 차별화된 속성이 있다. - 전문직이 수행하는 기술의 바탕이 되는 체계적인 이론체계를 갖추어야 한다. - 전문적 권위가 있어야 한다. - 사회로부터 일정한 권한과 특권을 인정받아야 한다. - 전문직 자체의 **윤리강령**이 있어야 한다. - 전문직 고유의 문화가 존재해야 한다.
과정이론	• 전문직은 일련의 차별화된 단계를 거쳐서 전문성의 정도가 진화되어 간다. • 전문화의 단계 전일제 유급직원 필요 → 직업 수행을 위해 대학 교육 필요 → 전문직의 전국 협회 설립 → 직업의 독립적인 영역이 명확히 출현 → 이전의 종사자들과 새로운 자격 획득 종사자들 간의 갈등 발생 → 해당 직업과 인근 관련 직업들 간의 갈등 첨예화 → 면허, 등록, 자격제도 등 직업에 대한 법적인 보호장치 완성 → 해당 직업의 **윤리강령** 완성
권력이론	• 해당 직업 영역의 독점권을 둘러싼 권력투쟁에서 승자가 전문직을 차지한다. • 전문직과 비전문직과의 차이는 능력이 아니라 전문가 집단의 힘의 유무가 결정한다.
사회적 과제론	• 사회는 사회의 생존과 발전을 위해 사회문제를 해결할 필요성을 느껴 이에 대한 해결을 맡길 만한 적절한 전문직을 찾게 되고, 그 과제를 수행할 수 있는 능력, 가치관, 윤리강령, 책임 수행의 공신력 등이 있다면 전문직이라 할 만하다.
체계론	• 직업은 다른 직업과 상호의존하고 있는 하나의 체계 • 전문직은 직업체계에서 생기는 변화의 일부로서, 다른 직업 간의 관계에서 전문직이 인정된다.

2) 사회복지직의 전문적 정체성과 윤리

그간 사회복지직은 '사회복지사'라는 특정 전문직 명칭을 확보하고, 사회복지사 자격증 제도을 도입하고 1급 사회복지사 국가고시를 실시하며, 보수교육 프로그램을 마련하는 등 전문직으로서의 위상을 정립하기 위해 노력해 왔다. 그럼에도 사회복지직이 전문직인지에 대한 논의 결과는 아직 합의된 결론에 이르지 못한 상황이다. 그러나 업무 수행에 있어 전문적 정체성이 높을수록 직무만족도가 높고, 직무에 만족해야 서비스의 질이 개선된다는 전제에서 보면 사회복지사가 자신의 일이 전문직이라고 확신하며 일하는 것과 그렇지 않은 것은 사회복지사 당사자뿐 아니라 서비스 수혜자, 조직, 사회에 끼치는 영향에 있어 큰 차이가 있을 것임을 추정해 볼 수 있다(서미경 외, 2008). 사회복지직에 대한 현재까지의 사회복지실천가와 연구자들의 의견을 중심으로 사회복지직의 정체성을 살펴보면 전체로서의 인간 삶에 대한 관여, 윤리전문직, 임파워먼트전문직, 조정협력의 구심점 등에서 사회복지전문직의 정체성을 찾아볼 수 있다(박지영 외, 2014).

- **전체로서의 인간의 삶에 대한 관여** : 사회복지직 외 휴먼서비스 전문직과 사회복지전문직을 구별하는 가장 큰 차이점은 사회복지전문직이 인간의 총체성, 즉 '전체로서의 인간'과 관련된다는 것이다. 해결할 특정 문제가 아니라 문제에 직면한 클라이언트의 삶 전체에 초점을 맞춘다.
- **윤리전문직** : 사회복지사는 전체로서의 인간의 삶에 관여하기에 인간과 그가 가진 문제에 어떤 입장과 태도를 가지는 것이 바람직한가라는 윤리적, 규범적 질문에 직면하게 되고 이는 사회복지직이 일종의 가치기반 전문직, 윤리전문직으로서의 특징을 가지고 있음을 뜻한다(김기덕, 2008; 김인숙, 2005, 박지영 외, 2014 재인용).
- **임파워먼트전문직** : 사회복지사는 실제 역할은 베푸는 사람이 아니라 클라이언트가 자신의 삶의 주체가 되고 사회구성원으로 자신 있게 살아가

도록 하는 과정을 함께하는 '동반자'다. 사회복지전문직에서는 인간이 문제를 가지고 있고, 나약하고, 좌절하는 존재임에도 불구하고 궁극적으로 문제와 어려움을 극복하고, 새로운 삶에 적응하며, 이를 통해 평생 동안 발달하고 성장하는 존재로 본다.

- **조정 · 협력의 구심점** : 사회복지사는 인간의 삶에 총제적으로 관여한다. 현대사회에서 인간이 처한 현실 자체가 복합적이고 인간이 당면하는 문제들이 복잡하게 얽혀 있기 때문이다. 이러한 복잡한 문제들을 해결하려면 다양한 분야의 전문가들과 함께 협력해야 한다. 다양한 인력과의 협력과 조정에서 사회복지사는 중심적인 역할을 수행할 것으로 기대된다. 이는 사회복지직이 인간에 대한 총체적인 접근방식을 가지므로 상대적으로 인간의 특정 부분에 대해 기술적 접근을 하는 전문직보다 협력과 조정에 더 적합하기 때문이다(김기덕, 2008, 박지영 외, 2014 재인용).

사회복지사가 사회적으로 필요한 존재로 인식된다면 사회복지직의 전문적 위상은 정립될 것이다. 교육과정과 자격제도 개선, 업무 영역의 독점화 등은 사회복지직의 전문성 발전을 위한 외적 조건으로서 중요한 의미를 가지지만 이러한 외적 조건은 사회복지직의 정체성 확립과 사회적 책임 수행이라는 내적 과제를 해결하지 않고서는 달성하기 어렵다. 사회복지전문직의 위상은 사회복지직의 사회적 책임 수행을 통해 사회복지의 대상과 수혜자로부터 필요성을 인정받고 사회복지의 가치에 대해 폭넓은 사회적 재가를 얻음으로써 확고해질 수 있다(박지영 외, 2014).

2. 사회복지사에 대한 이해[1)]

1) 사회복지사의 개념

'사회복지사'라는 명칭은 1983년 사회복지사업법 개정을 시작으로 사용되기 시작한 명칭으로 사회복지사업법 제11조에 의하면 사회복지사는 '사회복지에 관련된 전문지식과 기술을 가진 사람으로서 소정의 자격기준을 충족하여 보건복지부장관으로부터 자격증을 교부 받은 사람'[2)]을 말한다.

사회복지사의 등급은 1급·2급이며, 정신건강·의료·학교 영역에 대해서는 영역별로 정신건강사회복지사·의료사회복지사·학교사회복지사의 자격이 부여될 수 있다. 사회복지사 1급 자격은 국가시험에 합격한 사람에게 부여하고, 정신건강사회복지사·의료사회복지사·학교사회복지사의 자격은 1급 사회복지사의 자격이 있는 사람 중에서 보건복지부령으로 정하는 수련기관에서 수련을 받은 사람에게 부여한다(사회복지사업법 제11조).

2) 사회복지사의 법적 지위 및 권한

사회복지사의 법적 지위는 공공기관에 종사하는 경우와 민간기관에 근무하는 경우로 나누어 볼 수 있다. 사회복지사가 공적 전달체계에서 사회복지사업에 관한 업무를 담당하는 경우에는 사회복지공무원으로서의 법적 지위를 가지게 되며, 사회복지사업을 행할 목적으로 설립된 사회복지법인 및 시설 등 민간기관에서 근로를 제공하는 경우에는 민간기관 종사자로서 근로자의 지위와 전문가의 지위를 가지게 된다.

---

1) 이 절의 내용은 김양미(2022). 사회복지법제와 실천, pp. 48-52를 발췌·정리한 것임.
2) 사회복지사업법 제11조 ① 보건복지부장관은 사회복지에 관한 전문지식과 기술을 가진 사람에게 사회복지사 자격증을 발급할 수 있다.

(1) 공공기관 사회복지사(사회복지공무원)의 법적 지위 및 권한

공공기관에 근무하는 사회복지사는 주로 사회복지공무원을 의미하며, 따라서 국가공무원법에 의한 법적 지위를 갖는다. 우리나라 공무원은 크게 경력직공무원과 특수경력직 공무원으로 구분되는데 사회복지공무원은 이 중 경력직공무원에[3] 해당되며, 경력직공무원의 종류 중 일반직 공무원에 속한다.

사회복지공무원은 지방자치단체에 속하는 지방공무원이다. 「사회보장급여의 이용·제공 및 수급권자 발굴에 관한 법률」 제43조에 의하면 사회복지사업에 관한 업무를 담당하게 하기 위하여 시·도, 시·군·구, 읍·면·동 또는 사회보장사무 전담기구에 사회복지전담공무원을 둘 수 있으며, 사회복지전담공무원은 사회복지사업법 제11조에 따른 사회복지사의 자격을 가진 사람으로 하며, 그 임용 등에 필요한 사항은 대통령령으로 정한다. 사회복지전담공무원은 사회보장급여에 관한 업무 중 취약계층에 대한 상담과 지도, 생활실태의 조사 등 보건복지부령으로 정하는 사회복지에 관한 전문적 업무를 담당한다.

사회복지공무원의 법적 권한은 크게 신분상의 권리와 직무집행과 관련되는 권리로 나눌 수 있다.

① 신분상의 권리

사회복지공무원은 직업공무원으로서 공무원 제도에 따른 법적 권리가 있다. 따라서 공무원에 대하여 징계처분 등을 할 때나 강임·휴직·직위해제 또는 면직처분을 할 때에는 그 공무원에게 그 사유를 기재한

---

3) 국가공무원법 제2조 제2항 : "경력직공무원"이란 실적과 자격에 따라 임용되고 그 신분이 보장되며 평생 동안(근무기간을 정하여 임용하는 공무원의 경우에는 그 기간 동안을 말한다) 공무원으로 근무할 것이 예정되는 공무원을 말하며, 그 종류는 다음 각 호와 같다.
1. 일반직공무원 : 기술·연구 또는 행정 일반에 대한 업무를 담당하는 공무원
2. 특정직공무원 : 법관, 검사, 외무공무원, 경찰공무원, 소방공무원, 교육공무원, 군인, 군무원, 헌법재판소 헌법연구관, 국가정보원의 직원, 경호공무원과 특수 분야의 업무를 담당하는 공무원으로서 다른 법률에서 특정직공무원으로 지정하는 공무원

설명서를 교부해야 한다. 설명서를 받은 공무원이 그 처분에 불복할 때에는 설명서를 받은 날부터 30일 이내 또는 공무원이 제1항에서 정한 처분 외에 본인의 의사에 반하는 불이익처분을 받았을 때에는 그 처분이 있은 것을 안 날부터 30일 이내에 심사위원회에 그 처분에 대한 심사를 청구할 수 있다. 이 경우 변호사를 대리인으로 선임할 수 있다(지방공무원법 제67조). 사회복지공무원은 징계처분 등에 대한 소청심사위원회의 심사청구를 제기할 수 있는 소청제기권과 함께 공무원 신분에 관한 위법한 처분에 행정소송을 제기할 수 있는 소송제기권을 가진다.

② 직무집행과 관련된 권리

사회복지전담공무원은 취약계층 발굴 및 상담과 지도, 사회복지에 대한 욕구조사, 서비스 제공 계획의 수립, 서비스 제공 및 점검, 사후관리 등 통합사례관리에 관한 업무와 사회복지사업 수행을 위한 취약계층의 소득·재산 등 생활실태의 조사 및 가정환경 등 파악 업무, 그리고 사회복지에 대한 종합적인 정보제공, 안내, 상담 업무 등 사회복지에 관한 전문적 업무를 담당한다(사회보장급여의 이용·제공 및 수급권자 발굴에 관한 법률 시행규칙 제8조). 또한 공무원으로서 자신의 직무를 집행할 수 있는 직무수행권과 지방자치단체 사회복지사업에 관한 업무를 담당할 직위를 부여받고 일정한 이유와 절차에 의하지 아니하고는 부여된 직위가 박탈당하지 않을 직위보유권도 가진다.

③ 재산상의 권리

사회복지공무원은 관련법에 명시된 보수규정에 따라 보수를 지급받을 권리가 있고, 공무원으로 재직한 기간에 대한 연금을 청구할 수 있으며, 직무수행에 소요되는 실비를 변상받을 권리가 있다.

④ 법적 권한의 한계

사회복지공무원은 공무원으로서 헌법이 보장한 노동자가 가지는 기본

권인 단결권, 단체교섭권, 단체행동권 중 일부를 제한받아 노동조합과 그 조합원은 파업, 태업 또는 그 밖에 업무의 정상적인 운영을 방해하는 어떠한 행위도 하여서는 아니 된다(공무원의 노동조합 설립 및 운영 등에 관한 법률 제11조).

(2) 민간기관 사회복지사의 법적 지위 및 권한

민간기관 사회복지사의 법적 지위는 근로자로서의 지위와 전문가로서의 지위로 나누어 볼 수 있다.

① 근로자로서의 사회복지사

민간 사회복지 관련 기관에서 근무하는 사회복지사는 근로기준법 제2조에 의하면 임금을 목적으로 근로를 제공하는 근로자이다. 따라서 근로계약에 따른 임금을 지급받으며 근로자로서의 법적 지위를 가지게 된다. 근로자로서의 사회복지사는 사회복지 관련 사업장과 노사관계를 형성한다.

② 전문가로서의 사회복지사

사회복지사는 사회복지사업법의 규정에 따라 사회복지에 관한 전문지식과 기술을 가진 사람으로 일정한 기준에 따라 국가로부터 자격을 부여받은 사람이다. 사회복지법인 및 사회복지시설을 설치・운영하는 자는 대통령령으로 정하는 바에 따라 사회복지사를 그 종사자로 채용하여야 한다(사회복지사업법 제13조).

민간기관 사회복지사의 법적 권한으로는 신분상의 권리, 직무집행상의 권리, 재산상의 권리, 근로권 등이 있다.

- 신분상의 권리

민간 사회복지사는 국가 차원의 법이 아닌 주로 해당 법인의 정관이나 운영규정 등에 따른 법적 보장을 받는다. 각 법인이나 시설의 내부

규정이 다르고 법률에 의한 완전한 보장이 어려워 법적 권리 측면에서 취약하다.

- 직무집행상의 권리

  민간 사회복지사는 기관 내에서 자신에게 적합한 일정한 직무와 지위를 부여받고, 부여받은 직무를 수행할 권리를 가진다.

- 재산상의 권리

  민간 사회복지사는 자신이 제공한 직무수행의 대가로 보수를 청구할 권리를 가지며, 직무 수행에 소요되는 실비를 변상받을 수 있고, 근로자로서 5대 보험에 가입할 수 있다.

- 근로권

  민간 사회복지사는 근로자로서 헌법에 명시된 근로권을 갖는다. 따라서 근로조건의 향상을 위하여 자주적인 단결권·단체교섭권 및 단체행동권을 행사할 수 있다(헌법 제33조).

3) 사회복지사의 의무

(1) 공공기관 사회복지사(사회복지공무원)의 의무

사회복지공무원은 국가공무원법에 따라 공무원 신분으로서의 의무를 가진다. 이에 따라 성실의 의무, 복종의 의무, 직장 이탈금지의 의무, 친절공정의 의무, 종교 중립의 의무, 비밀 엄수의 의무, 청렴의 의무, 품위 유지의 의무 등을 지켜야 한다. 사회복지공무원은 공무원으로서의 의무 이외에 사회복지와 관련하여 사회복지사업법에서 규정하고 있는 의무 규정과 함께 사회복지윤리강령[4]에서 제시하고 있는 의무도 성실히 이행해야 한다.

4) 사회복지사 윤리강령 내용은 〈부록 3〉 참조

(2) 민간기관 사회복지사의 의무

민간기관 사회복지사는 사회복지사업법에서 제시하고 있는 사회복지사의 의무 관련 규정과 소속된 사회복지기관의 내부 규정을 준수하여야 하며, 여기에 더해 사회복지사 윤리강령에 명시된 사회복지사의 의무에 대한 책임도 있다.

3. 사회복지사의 역할

사회복지의 기반은 교육에 의해 형성되므로 사회복지교육은 사회복지 관련 전반에 걸쳐 중대한 역할을 한다. 프럼킨과 로이드(Frumkin & Lloyd)에 따르면, 사회복지의 목적은 클라이언트를 임파워먼트 하는 것이며, 사회복지 교육의 목적은 사회복지사가 클라이언트에게 임파워먼트 할 수 있도록 그들을 임파워하는 것이라고 설명하고 있다. 그는 학부의 교육목표는 학생들을 전문적 실천에 맞게 교육시키는 것이며, 교육 프로그램은 학생들에게 사회복지적 관심을 담은 서비스의 교육과정과 방법론을 제시하는 것이라 한다(Frumkin & Lloyd, 1995, 전선영 2005 재인용). 이런 의미에서 예비사회복지사인 학생들이 교육과정을 통해 사회복지사의 직무와 역할을 이해하고 이를 실천현장에서 적용할 수 있는 역량을 기르는 것은 중요하다.

1) 사회복지사의 직무

사회복지사는 클라이언트가 가진 문제에 자신의 전문적 역량을 바탕으로 개입하여 다양한 서비스를 제공한다. 사회복지실천현장에서 사회복지사에게 주어진 직무는 크게 간접 서비스와 직접 서비스로 나눌 수 있다. 먼저 간접서비스의 예로는 지역사회서비스, 자원 개발 및 연계, 조직 및 인사 관리 등이 있으며, 직접 서비스 영역에는 사례관리, 상담, 프로그램 등이 있다. 이를 정리하면 〈표 3-2〉와 같다(석말숙 외, 2022).

〈표 3-2〉 사회복지사의 직무영역

직접 서비스		간접 서비스	
상담 및 사례관리	프로그램 개발 및 운영	지역사회 조직화	조직 관리 및 행정
• 접수부터 종결까지 과정 • 위기개입 • 자원 확보 및 연계 • 옹호 관련 법규 이해 및 적용 • 다문화 수용 • 사례회의 운영 등	• 프로포절 작성 • 프로그램 운영 및 모니터링 • 성과평가	• 자원 발굴 및 관리 • 욕구 조사 및 분석 • 지역사회 활동 • 연계망 조직 • 주민조직화 • 아웃리치 • 주민 리더 발굴 등	• 인력관리 • 직무관리 • 직원평가 • 시설관리 • 재정 및 문서 관리

출처 : 석말숙 외(2022), p. 15.

2) 사회복지사의 역할

사회복지사의 역할은 사회복지사가 중요하다고 여기는 전문적인 기능과 관련하여 기대되는 행동을 하는 것이다. 사회복지사의 역할을 정리하면 〈표 3-3〉과 같다(박지영 외, 2014).

〈표 3-3〉 사회복지사의 역할

역 할	내 용	예
조력자 (enabler)	개인 및 가족 등의 문제와 같은 지역사회의 문제를 해결하거나 대처하도록 돕는 것	이혼, 실직, 중독문제에 대한 클라이언트의 대처능력 개발, 해결전략 모색
중재자 (mediator)	중립적 위치에서 관련 당사자 간의 의사소통을 돕는 역할	부부 간, 부모 자녀 간 갈등이 있을 때 양자 간의 의사소통 매개
중개자 (broker)	인간의 욕구와 이를 충족시킬(인적, 물적, 심리적, 사회적) 자원을 연결하는 역할	생계 곤란자와 긴급구호제공 기관 연결
조정자 (coordinator)	다양한 자원과 서비스들을 적절히 배분, 배치하는 역할	이혼가족 원조 시 재정, 법률, 건강, 교육, 상담 관련 기관 간 협력, 조정

관리자 (manager)	사회복지기관과 부서에서의 행정적 책임과 관련된 역할	• 목표 세우기 • 프로그램 개발과 운영 • 재정자원의 모금과 배분 • 인력관리와 발전
교육자 (educator)	정보를 제공하거나 여러 가지 기술을 가르치는 역할	치매노인 가족에게 장기요양보험제도 및 시설 관련 정보제공
분석・평가자 (analyst/ evaluator)	프로그램의 기능과 효과성을 평가하는 역할	각종 중독 치료 프로그램의 효과성 평가
촉진자 (facilitator)	개인이나 집단, 사회의 긍정적인 변화를 촉진시키는 역할	치매노인 가족 자조집단의 조직과 활동 촉진
주창자 (initiator)	개선되어야 할 문제나 이슈에 대한 관심을 불러일으키는 역할	저소득층 주거지 재개발 계획이 초래할 홈리스 증가 문제 제기
협상가 (negotiator)	개인이나 집단의 입장에서 특정한 합의에 도달할 수 있도록 노력하는 역할	재개발지역 세입자가 불이익을 받지 않도록 담당부서와 합의
옹호자 (advocator)	사회정의를 지키기 위해 개인, 집단, 지역 사회의 입장을 지지・변호하는 역할	• 장애인 차별 시정요구 • 이주노동자 권리 주장

출처 : 박지영 외(2014), p. 128.

사회복지사의 역할을 개입수준에 따라 정리하면 〈표 3-4〉와 같다.

〈표 3-4〉 개입수준에 따른 사회복지사의 역할

		개입수준에 따른 역할			
		미시 차원	중범위 차원	거시 차원	전문가 차원
사회복지사의 역할		개인과 가족 대상 • 조력자 • 중개자 • 옹호자 • 교사	조직이나 집단 대상 • 촉진자 • 중재자 • 훈련가	지역사회나 사회 대상 • 계획가 • 행동가 • 현장 개입가	동료 및 전문가 집단 대상 • 동료 • 촉진자 • 연구자
기능 수준에 따른 역할	상담	조력자	촉진자	계획가	동료・점검자
	자원관리・조정	중개자・옹호자	중재자	행동가	촉매자
	교육	교사	훈련가	현장 개입가	연구자・학자

출처 : 이원주 외(2020), pp. 57-58 재구성.

사회복지현장실습세미나 토론 주제 3	사회복지사에게 듣는 사회복지

- 진행방법
  - 동문초청 특강 : 졸업생 중 사회복지기관에서 실제 근무 중인 사회복지사를 초청하여 재학 중 경험과 뒤이은 취업과정 그리고 실제 사회복지사로 근무하면서 경험한 현장과 소감 등을 들을 수 있는 기회를 마련한다.
  - 초대된 선배의 강의 후 후배들과의 질의응답 시간을 통해 취업과 실제 직업의 장으로서 사회복지현장의 생생한 현실을 공유하도록 한다.
  - 특강 후 팀원들이 각자 느낀 점을 활동지에 정리하고, 팀원 전원이 돌아가며 자신이 정리한 생각을 발표하고, 의견을 나눈다.
  - 팀원 중 한명이 이를 정리하여 팀별로 전체 학생을 대상으로 발표한다.
  - 실습지도교수와 학생들이 서로의 소감을 나눈다.

① 특강을 한 선배는 누구인가?	
• 이름 :	• 졸업시기 :
• 기관명 :	• 주요업무 :

② 근무기관의 현 실태

③ 업무만족도

④ 취업 과정(사전 준비, 면접 내용 등)

⑤ 후배들을 위한 조언

04 CHAPTER

사회복지사가 알아야 할 사회복지윤리

1. 사회복지와 윤리

인간에게는 역사적 변천이나 문화적 다양성에 영향을 받지 않는 여러 가치가 있다. 인간 보편의 윤리적 행위란 이러한 가치를 인식함으로써 가능한데 이러한 인식의 고취를 목적으로 하는 교육은 개별적 인간의 인격 형성 및 인류 공동의 가치를 지향함으로써 인간다운 삶을 가능하도록 이끄는 일로서, 의미를 추구하는 인간의 본질과 연관되어 있다. 이런 의미에서 볼 때 평등, 자유, 민주주의, 사회적 연대의식, 생존권 보장 등의 가치체계를 가진 사회복지학 또한 교육을 통해 그 실천의 기반을 마련할 수 있을 것이며 여기에는 사회복지현장실습 과정에서 이루어지는 슈퍼비전도 중요한 역할을 할 것이다.

사회복지와 윤리의 관련성을 살펴보면 다음과 같다. 첫째, 사회복지가 가치 지향적이며, 강한 규범적 특성이 있다는 점에서 윤리와 관련이 있다. 다양한 윤리이론과 개념들은 사회복지 규범성을 이론적으로 뒷받침해 주고 실천현장에서 발생하는 윤리적인 문제, 윤리적 이슈, 윤리적 딜레마를 해결하는 데 유용한 근거와 지침을 제공해 준다. 둘째, 사회복지사는 인간에 대한 존엄성과 사회정의 가치를 토대로 클라이언트를 도울 때 법적인 의무와 도덕적 의무를 요구받는다는 점에서 윤리학과 관련이 있다. 사회복지사에게 윤리의식과 윤리적 민감성은 필수적인 요건이다. 이러한 관련성과 연계해 볼 때 윤리적인 차원과 관련된 사회복지 관련 질문은 다음과 같이 정리할 수 있다(서미경 외, 2015).

- 사회복지전문직이 추구하는 규범적 속성(사회복지 가치와 소명)은 무엇인가?
- 전문가로서 사회복지사의 도덕적이고 윤리적인 행위는 무엇인가?
- 사회복지사의 비도덕적이고 비윤리적 행위는 무엇인가?
- 실천현장에서 사회복지사들이 어떻게 도덕적으로 옳고 바르게 행동할 수 있는가?

1) 사회복지실천과 윤리

윤리는 사람이 사회생활을 하면서 마땅히 행해야 할 도리라고 할 수 있다. 일반적으로 윤리는 어떤 한 사람이 다른 사람에 대하여 부여받은 의무를 명확히 해주는 기능을 한다. 이런 의미에서 윤리학이 사회복지실천에 주는 의미를 살펴보면 첫째, 윤리학은 사회복지 본질과 소명을 분명히 하도록 돕는다. 사회복지가 추구하는 '인간다운 삶'에는 규범적 성격이 포함되는데 여기서 '인간다운 삶'이란 무엇이고, 어떤 상태를 말하는지 과학적으로 다 설명할 수가 없다. 윤리학은 넓게는 전 국민의 인간다운 삶을 보장하는 것부터 좁게는 사회의 취약계층을 관리하는 사회복지 전문직의 본질 및 소명을 분명히 함과 관련하여 그 '규범적 타당성'은 윤리학의 이론과 방법에서 많은 도움을 받을 수 있다.

둘째, 윤리학은 사회복지실천에서 발생하는 윤리적 문제와 갈등을 이해하고 해소하는 데 체계적인 지침을 제공한다. 인간이 행위를 탐구하는 윤리학의 이론과 방법을 통해 사회복지실천에서 실제 발생하는 윤리적인 문제를 해결의 지침을 얻을 수 있다. 사회복지실천의 윤리적 문제는 사회복지실천현장의 특수성 및 대상자의 특성을 감안하여 윤리학의 도움을 받을 수 있다.

셋째, 윤리학을 통해 사회복지사들도 윤리적 민감성이 중요하다는 것을 확인해 준다. 윤리적 민감성을 갖춘다는 것은 현장에서 윤리적 문제의 불가피성을 인정하고 그 발생 가능성과 대안을 예측하면서 사전에 충분히 준비하는 자세를 갖추는 것이다. 윤리적 민감성은 교육과 훈련을 통해 길러지기 때문에 사회복지사들은 '나는 왜 도덕적이어야 하는가?'에 대한 성찰을 통해 윤리적 민감성을 지속적으로 높여나가야 한다.

넷째, 윤리학은 사회복지실천의 오류를 밝히는 도덕적 근거를 제공한다. 사회복지와 관련된 실천오류로는 사회복지사들이 우발적으로 하는 실수에서부터 다양한 클라이언트 체계와 가치 체계의 상충으로 윤리원칙을 지키지 못하여 발생하는 문제, 고의적인 부정행위에 이르기까지 다양한데 윤리학에 기반한 도덕적 책임은 사회복지사에게 중요한 의무로서 최선을 다하는 실천을 통해 오류(과오)의 가능성을 줄이는 데 기여한다(서미경 외, 2015).

사회복지직은 윤리전문직이라는 측면에서 특히 다른 직종보다 더 많은 윤리성을 요구받는 전문직인데 그 이유는 다음과 같다(우국희 외, 2013; 최명민, 2008).

- 사회복지실천의 구성요소인 지식, 기술, 가치 중 가치는 윤리적 측면을 포괄하는 요소이기 때문이다.
- 사회복지직이 전문직이라면 필수적인 전문직의 요소 중 하나가 윤리강령이기 때문이다. 사회복지사는 사회복지사 윤리강령을 준수해야 할 의무가 있으며 당연히 강령상 나타난 윤리적 문제들을 숙지하여야 한다.
- 사회복지직은 다른 전문직에 비해 사회적 약자와 소수자를 주 대상으로 하는 전문직이기 때문이다. 사회복지사는 지원방법의 선택에서부터 제한된 자원의 분배, 대상자의 책임과 권리 인정 등 윤리적 판단이 필요한 문제들에 봉착하게 된다.
- 사회복지현장은 다양한 인간과 조직, 단체와 함께 활동하는 전문직으로서 매일 수많은 윤리적 이슈가 발생하고, 사회복지사는 그것에 대한 적절한 이해와 대응을 요구받기 때문이다.

따라서 사회복지전문직을 수행하는 사회복지사는 윤리적인 이슈와 문제를 적절하게 해석할 수 있는 능력을 필수적으로 갖추어야 하고, 이런 능력은 윤리적인 의사결정을 하고 그것을 행동으로 옮기기 위한 선제조건으로 겸비되어야 한다. 윤리적 갈등 상황에 처했을 때 이를 정확히 인식하고 어떤 행동이 윤리적으로 옳은지에 대해 판단을 내릴 수 있도록 하는 '윤리적 민감성'을 지녀야 한다(서미경 외, 2015).

2) 사회복지사의 윤리적 책임

사회복지사는 클라이언트 및 사회와 전문적이고 공식적인 관계를 맺고 있으므로 윤리적으로 행동해야 할 의무가 있으며, 사회복지의 가치를 바탕으로 윤리적으로 판단하고 실천해야 하는 책임성을 가지고 있다. 다른 전문직에서와 마찬가지로 사회복지도 실천과정에서 사회복지사의 윤리적 책임을 명시하고 사회복지사에게 윤리적 문제에 대한 민감성과 지침을 제공하기 위하여 윤리강령[1)]을 명문화하였다. 윤리강령에는 해당 전문직에서 실천하는 내용과 관련된 윤리적 원칙들과 전문가들이 지켜야 할 원칙들이 포함되어 있는데 윤리강령의 존재 유무가 해당 직종의 전문성을 증명하는 요소가 되기도 한다. 그 이유는 전문직이 가진 특권의 남용을 막기 위해 전문가 집단이 자신의 구성원을 통제할 필요가 있으며, 사회복지직의 경우에도 사회복지사의 잘못된 윤리관에서 비롯한 실천의 오류를 예방하기 하기 위해 윤리강령이 필요하기 때문이다(박지영 외, 2014; 서미경 외 2015).

우리나라 사회복지사 윤리강령을 중심으로 윤리적 책임을 전문가로서의 윤리적 책임, 클라이언트에 대한 윤리적 책임, 사회복지실천현장에서의 윤리적 책임, 사회 전체에 대한 윤리적 책임으로 나누어 살펴보면 다음과 같다(박지영 외, 2014).

---

1) 한국사회복지사 윤리강령 전문은 〈부록 3〉 참조

(1) 전문가로서의 윤리적 책임

① 사회복지사는 국적, 인종, 문화, 성별, 연령, 종교, 신체적・정신적 능력 등에 따라 차별적 실천을 하면 안 된다.

② 사회복지서비스들은 사회복지사 자신의 능력 범위 안에서 이루어져야 한다.

③ 사회복지사가 사회정의를 실현하기 위해서는 일차적으로 자기 자신이 정직해야 한다. 또한 사회복지를 실천하는 과정에서 어떠한 개인적 이득도 획득해서는 안 된다.

④ 사회복지실천 과정에서 사회복지사의 문제로 인해 클라이언트에 대한 서비스를 소홀해서는 안 된다.

⑤ 사회복지사는 클라이언트에 대한 서비스에 책임성을 가져야 한다. 자신의 서비스가 클라이언트에게 어떻게 작용하였는지를 반드시 평가하고 개선하려는 노력이 중요하다.

(2) 클라이언트에 대한 윤리적 책임

① 사회복지사는 사회복지실천을 행함에 있어서 어떠한 상황에서도 클라이언트의 이익을 최우선으로 해야 한다.

② 인간존엄성과 자유의 가치를 바탕으로 클라이언트의 자기결정권을 존중해야 한다.

③ 사회복지사는 실천과정에서 알게 된 클라이언트의 사적인 정보에 대해 비밀보장을 지켜야 한다.

④ 사회복지사는 클라이언트의 신체적・정신적・경제적・사회적・문화적 다양성을 인정해야 한다.

(3) 사회복지실천현장에서의 윤리적 책임

① 사회복지사는 동료에게도 인간 존엄성 가치를 기반으로 존경해야 한다. 자신의 이익을 위해 동료와 다른 동료 또는 고용주와의 분쟁을 활용해서는 안 되며, 동료의 무능력과 비윤리적 행위를 해결하기 위해 노력해야 한다.

② 사회복지사는 사회적 연대의 가치를 실현하기 위해 다른 전문직이나 다학제팀과 협력하고 공동의 목표를 달성하기 위해 노력해야 한다.

③ 사회복지사는 사회복지학과 학생이나 지역사회에 슈퍼비전과 자문을 제공하여 유대를 강화해 나가야 한다.

④ 사회복지사는 클라이언트의 변화 가능성을 확인하기 위해서 제공된 서비스를 기록해야 한다.

⑤ 클라이언트의 변화를 위해 공동으로 노력하는 기관에 대하여 헌신하는 마음이 있어야 한다.

(4) 사회 전체에 대한 윤리적 책임

① 사회복지사는 사회정의를 실현하고 모든 사회구성원의 자유와 평등을 위해서 사회복지 증진에 노력해야 한다.

② 사회복지사는 불의한 정치·경제적 문제에 대해 직접 참여하거나 사회적 연대를 통하여 해결하도록 노력하여야 한다.

3) 사회복지실천과정에서의 윤리적 딜레마

윤리적 딜레마란 윤리적으로 양립할 수 없는 두 개의 원칙이 존재하는 상황을 말하며, 사회복지에서의 윤리적 딜레마는 사회복지사가 일상의 실천과정에서 다양한 의무와 가치들이 상충하는 상황에 직면하여 윤리적 갈등을 경험하는 것을 말한다(서미경 외, 2015).

(1) 사회복지실천현장의 윤리적 딜레마

사회복지실천현장에서 경험하는 윤리적 딜레마의 대표적인 경우와 예를 정리하면 〈표 4-1〉과 같다(석말숙 외, 2022).

〈표 4-1〉 윤리적 딜레마

딜레마 종류	내 용	예
가치의 상충	클라이언트의 자기결정 가치와 인간 생활의 보호가치 사이에서 갈등	심각한 유전질환을 가진 부모가 자녀를 출산하고자 할 때
의무의 상충	기관과 클라이언트에 대한 의무 사이에서 갈등	정신적 어려움을 가진 노숙자가 병원에 가지 않고 쉼터에 있고자 할 때
클라이언트 체계의 다중성	클라이언트의 체계가 복잡하고 다양할 때, 누구의 이익을 고려하여 어떤 문제에 개입하는가에 따른 갈등	복잡한 문제를 가진 이혼부부의 자녀 문제를 다룰 때
결과의 모호성	사회복지사 내린 윤리적 결정이 모호할 때 발생	해외입양의 성공에 대한 확신이 없을 때 담당자의 갈등
권력의 불균형	사회복지사와 클라이언트의 관계가 권력적으로 평등하지 않다는 사실에서 발생	미성년자나 지적장애를 가진 클라이언트의 자기결정권 포기 여부

(2) 윤리적 의사결정 순위

사회복지실천현장에서 발생하는 윤리적 딜레마에 직면했을 때 사회복지사는 윤리강령의 기준에서 가능한 지침을 찾아 적용하는 것이 일차적이다. 하지만 윤리강령에 해당 사항이 없거나, 있어도 또 다른 강령 내용과 상충하는 경우 윤리적 우선순위가 고려된 원칙이 필요하다. 윤리적 원칙을 서열화하여 우선순위를 정한 지침으로 로웬버그 등(Loewenberg et al., 2005 : 65)의 윤리적 원칙 스크린이 있다. 로웬버그의 윤리적 원칙 스크린의 우선순위는 다음과 같다(Loewenberg et al., 2005 : 65, 서미경, 2015 재인용).

- 1순위 : 생명보호의 원칙 - 인간의 생명보호는 모든 원칙에 우선한다.
- 2순위 : 평등과 불평등의 원칙 - 사회복지는 모든 사람을 평등하게 대하

는 것이 기본 원칙이지만 경우에 따라 다르게 적용될 수도 있다(예 학대 가해자의 비밀보장 vs 피해자의 보호).

- 3순위 : 자율성과 자유의 원칙 - 사회복지사는 실천과정에서 상위 순위에 어긋나지 않는 범위에서 클라이언트의 자율성을 보장해 주어야 한다.
- 4순위 : 최소한의 위험의 원칙 - 사회복지사는 위험이 최소화된 선택을 해야 한다.
- 5순위 : 삶의 질 원칙 - 사회복지사는 사회복지와 관련된 사회의 모든 구성원들의 삶의 질을 향상시키는 방향으로 실천하여야 한다.
- 6순위 : 사생활보호와 비밀보장의 원칙 - 사회복지사는 사회복지실천 과정에서 알게 된 사생활 정보에 대해 비밀을 보장해야 한다.
- 7순위 : 진실성과 정보개방의 원칙 - 사회복지사는 실천과정에서 신뢰할 수 있는 진실된 행동과 말을 해야 한다. 또한 필요한 경우 정보를 개방해야 한다.

이상의 윤리적 원칙 우선순위가 실제로 적용되려면 그 사회의 문화적 특성을 고려하여 사회적으로 수용 가능한 것이어야 하기에 사회적 합의를 끌어낼 필요가 있다(서미경 외, 2015).

(3) 윤리적 의사결정 과정

윤리적 의사결정 과정에 대한 모델은 여러 학자들이 제시하고 있지만 이들의 공통된 요소를 정리하면 다음과 같다(서미경 외, 2015).

- 1단계 : 윤리적 이슈 찾기 - 가치갈등 발견
- 2단계 : 목적론적 추론 - 가능한 대안을 모두 찾아 각 대안의 득과 실 비교
- 3단계 : 의무론적 추론 - 윤리적 원칙과 강령 찾기
- 4단계 : 대안 선택 - 대안들 중 취약계층의 최대 이익과 사회의 이득이

가장 큰 대안 선택

- 5단계 : 자문 - 선택된 대안을 최종 결정하기 전에 반드시 슈퍼바이저나 동료에게 자문을 구하여 미처 고려하지 못했던 원칙과 이슈가 있는지 혹은 다른 대안은 없는지 확인
- 6단계 : 최종 결정 - 결정한 최종 대안 실행
- 7단계 : 모니터링 - 과정을 문서화하고 결과를 평가

2. 사회복지실습 현장에서의 윤리[2)]

사회복지현장실습과 관련한 윤리지침은 한국사회복지사협회가 채택한 윤리강령 내용 중 '사회복지사의 동료에 대한 윤리기준'에 해당하며 특별히 슈퍼바이저의 윤리지침이 마련되어 있다. 여기에는 실습생을 교육하는 실습지도자 역시 슈퍼바이저로서 의무를 다해야 함을 명시하는 동시에 그 의무 수행에 있어 윤리적 지침을 따르도록 규정짓고 있다.

〈표 4-2〉 한국사회복지사 윤리강령 중 실습지도자 관련 내용

2. 수퍼바이저
1) 수퍼바이저는 개인적인 이익의 추구를 위해 자신의 지위를 이용해서는 안 된다. 2) 수퍼바이저는 전문적 기준에 의해 공정하게 책임을 수행하며, 사회복지사·수련생 및 실습생에 대한 평가는 저들과 공유해야 한다 . 3) 사회복지사는 수퍼바이저의 전문적 지도와 조언을 존중해야 하며, 수퍼바이저는 사회복지사의 전문적 업무수행을 도와야 한다. 4) 수퍼바이저는 사회복지사·수련생 및 실습생에 대해 인격적·성적으로 수치심을 주는 행위를 해서는 안 된다.

실습지도자가 실습생을 교육함에 있어 윤리의식 및 윤리실천을 어느 정도 행하고 있는지는 실습교육에서 매우 중요한 이슈이다. 특히 클라이언트의

2) 이 절은 한국사회복지사협회(2017), pp. 111-128 내용을 발췌·정리하였음

권리, 경계업무, 슈퍼비전, 그리고 윤리적 결정에 있어서의 실습지도자의 윤리적 행위는 더욱 중요하다.

1) 사회복지사 윤리강령을 고려한 유의사항

윤리강령은 전문직 성립의 조건으로 스스로 나아가야 할 자아상, 자기의 책무, 최소한의 행동준칙 등을 들어 자기규제의 기준을 제시하고 있다. 사회복지현장실습은 실습생들이 지금까지 배워온 이론을 현장에서 접목하고 습득해 나가는 과정이므로 실습교육기관이나 실습지도자의 윤리적 책임이 강조되고 있다. 실습교육기관과 실습지도자는 실습생들이 자기성찰을 통해 사회복지 전문가로서의 책임과 역할을 인식할 수 있도록 지도해야 한다. 따라서 사회복지현장실습 윤리강령을 통하여 전문적인 실습교육과 공정하고 투명한 실습평가, 그리고 실습생 인권보장이 이루어져야 한다.

① 실습지도자는 개인적인 이익의 추구를 위해 자신의 지위를 이용해서는 안 된다.

- 실습지도자의 권한을 이용하여 실습생으로 하여금 실습지도자의 업무를 대신하게 하거나, 각종 개인적인 심부름을 시켜서는 안 된다. 실습지도자가 대학원에 재학 중인 경우 학교 과제를 하게 하거나 설문조사를 시키거나 실습지도를 벗어나 본인 업무의 일부를 떠맡기는 행위, 실습지도자 개인의 은행 심부름이나 구매 대행 등을 시키는 행위를 하면 안 된다.
- 실습지도자는 착취나 잠재적 손해의 위험이 있는 이중적이거나 다중적인 관계를 맺지 말아야 한다. 실습평가나 추후 기관 채용과 관련하여 금전적인 요구나 개인적인 관계를 맺는 경우나 실습과제를 핑계로 무리하게 후원자 발굴이나 기관 생산품 등의 물품 구입을 강요하는 행위(단순 후원자 발굴 과제는 착취의 우려가 있음)가 여기에 해당한다.

② 실습지도자는 전문적 기준에 의해 공정하게 책임을 수행하며, 사회복지사·수련생 및 실습생에 대한 평가는 당사자들과 공유해야 한다.

- 실습교육기관은 전문적인 기준에 의해 실습교육을 제공해야 한다. 실습교육기관은 사회복지현장실습 지침에 제시한 필수 및 선택교육 내용을 포함한 교육 커리큘럼을 편성하여 사회복지 현장실습생이 전문적 기준에 의해 교육을 받을 수 있도록 구조화하여야 한다.
- 실습지도자는 전문직 교육의 기준에 맞게 교육하는 책임을 수행해야 한다. 실천현장의 문제해결 과정에 사회복지 가치 및 윤리강령의 내용, 지식 및 기술을 적용할 수 있는 능력을 함양할 수 있는 교육을 해야 한다.
  - 클라이언트 체계의 문제 확인, 정보수집, 사정평가, 개입 계획 및 개입 수행, 그리고 평가과정을 통해 문제해결에 대한 새로운 지식과 기술을 습득할 수 있는 교육
  - 지역사회 내 위험집단 및 표적집단의 강점 및 특성과 자원에 대한 지식을 활용할 수 있는 능력을 향상시킬 수 있는 교육
  - 사회복지시설, 기관 및 조직의 사명, 정책 및 행정을 이해할 수 있는 교육
  - 실천현장 관련 국가 및 지역(지방자치단체)의 사회복지정책 및 전달체계를 분석하고 실천에 적용할 수 있는 교육
  - 사회복지사로서의 자아인식을 증진시키고 전문직 정체감을 형성할 수 있는 교육
- 평가의 과정과 결과 모두에 대해 실습생과 공유해야 한다. 실습 실시 이전의 오리엔테이션을 통해 실습을 통해 달성하여야 하는 실습 목표에 대한 공동의 인식 증진시키고, 실습생이 평가서를 작성하여 실습지도자와 실습생이 팀별로 모여 논의 과정을 거치는 것이 필요하다. 또한 실습생의 실습 수행활동을 공정하고 과학적인 잣대를 통하여

평가하고 평가 결과의 공유를 통해 실습교육의 목표 달성을 위해 노력해야 한다.

- 실습지도자는 전문적인 지식을 갖추어야 하고, 자신의 지식과 능력 범위 안에서 교육을 진행해야 한다. 실습지도자는 가장 최근의 정보와 지식을 습득하도록 노력해야 하고, 이를 실습생에게 전달해야 한다. 자신의 전문분야를 넘어선 영역은 다른 슈퍼바이저에게 연계하도록 한다.

③ 사회복지사는 실습지도자의 전문적 지도와 조언을 존중해야 하며, 실습지도자는 사회복지사의 전문적 업무수행을 도와야 한다.

- 실습지도자는 실습교육을 충실히 받을 수 있도록 실습생의 업무수행을 도와주어야 한다.
  - 실습생의 실습일지를 매일 확인하여 즉각적인 피드백 제공
  - 정기적으로 구조화된 실습 슈퍼비전 계획을 수립하고 일정에 따라 개별적 혹은 집단적 슈퍼비전을 통해 실습교육 목적을 달성하도록 노력
- 실습생은 실습교육의 전 과정에서 실습 슈퍼바이저의 지시와 지도를 따라야 한다. 실습생의 경우 클라이언트와 관련된 정보나 서비스 진행상황을 실습지도자에게 보고하고 점검해 나감

④ 실습지도자는 사회복지사・수련생 및 실습생에 대해 인격적・성적으로 수치심을 주는 행위를 해서는 안 된다. 실습교육기관과 실습지도자는 실습생의 인권을 보장해야 하며, 모욕, 성적추행, 수치심을 자아내는 행위는 절대 안 된다. 실습지도자 및 직원은 실습교육기간 동안 실습교육기관 외 장소에서 사적인 자리를 마련하지 않아야 하며, 실습지도자 및 직원은 실습생의 호칭이나 실습생 평가 시 모욕이나 수치심을 자아내는 언행을 삼가야 한다. 또한 실습지도자 및 직원은 실습생에게 이성적인 호감을 표시하거나 구애 행위를 해서는 안 된다. 실습기간

동안 기관 내에 다른 직원이 자신의 실습생에게 이와 같은 행위를 하는 것을 목격했을 시, 그 행위를 중단시켜 실습생을 보호해야 한다.

2) 실습생의 인권

실습교육을 받는 실습생은 실습교육기관에서도 학생으로서의 신분을 유지하고 있음을 실습지도자와 실습교육기관에서는 이해하고 있어야 한다. 따라서 실천의 업무를 담당하거나 실습지도자의 업무를 보조하기 위해 기관에 실습을 나온 것이 아니라 사회복지실천의 현장을 학습하기 위해 나와 있는 것임을 확실히 해야 할 것이다.

(1) 실습생의 권리

실습생은 대학 또는 대학원에서 학생으로서 교육을 받는 과정이 있는 사람으로서, 교육과정의 하나의 단계로서 실습교육을 받는 것이다. 따라서 실습생은 교육받을 권리를 갖고 있다. 즉, 학생으로서의 학습권이 있다는 것이며, 이 권리가 보장될 때 실습생이 실습교육기관에서 인권이 보장되었다고 할 수 있을 것이다.

- 전문가로서의 실습지도자에 의해 교육될 권리
- 전문지식과 기술을 교육받을 권리
- 실천현장에서만 학습할 수 있는 업무나 사례를 제공받을 권리
- 쾌적한 환경에서 학습할 권리
- 안전한 환경에서 학습하고 활동할 권리
- 인간적인 대우를 받을 권리
- 윤리적인 결정을 따를 권리
- 성추행이나 성폭력으로부터 자유로울 권리 등

(2) 실습 안전지침

안전지침은 사회복지사에게 필수적이며 사회복지사로서 기관에 고용되어 있는 것이 아니라 실습지도와 관련한 책임이 일차적으로 기관에 있음을 고려할 때 실습생에 대한 안전관리는 실습교육기관이 담당해야 할 중요한 책임영역이다. 특히 실습을 할 때는 실습기관에서, 클라이언트를 대상으로, 클라이언트의 가정방문과 같은 클라이언트와 관련된 또는 업무와 관련된 외부활동을 함에 있어 실습생의 안전이 보장되어 있어야 한다. 아울러 실습교육기관에서는 실습지도를 하기 전에 만약에 대비한 보험을 들어두는 것은 필수 의무사항이다.

사회복지현장실습 전 과정에서 실습생의 안전은 매우 중요하며 실습업무가 주어지기 전에 안전교육을 실시하는 것이 바람직하다. 다음의 안전지침을 지키게 될 때 실습교육기관은 실습생을 안전하게 교육할 수 있을 것이며, 실습생 역시 스스로 안전지침을 지킴으로써 자신을 위험으로부터 보호하고 안전하게 해야 할 것이다.

① 사무실에서의 안전지침에 대한 안내

- 기관의 안전정책을 실습 전에 자세하게 안내해 줄 것
- 가능한 잠재위험이 있는 클라이언트와 직접 관련된 업무는 실습생에게 할당하지 않도록 할 것
- 폭력전과가 있거나 위협을 줄 수 있는 행동을 보여주는 클라이언트와 일할 경우는 실습지도자나 기관의 다른 직원이 동행하도록 할 것
- 무기로 사용될 수 있는 모든 물건들(펜, 스테이플러, 서진 등)을 업무환경에서 유의하도록 안내할 것
- 직원의 도움을 요청할 것
- 직원이 적절한 자리에 없다면, 도움을 필요로 하는 다른 직원에게 신중하게 신호를 보낼 수 있는 체계를 개발할 것(예를 들면, 다른 직원에게

전화를 걸은 다음 클라이언트의 이름을 대고 '진행파일'이 필요하다고 말함)

- 문과 가까운 위치에 책상을 배치할 것
- 가능하면 안전보장을 책임지는 사람들과 연락체계를 마련할 것. 그들에게 늦게 일할 때를 알려주고, 필요할 때는 경비원에게 경호를 요청할 것
- 귀중품은 비밀이 보장되고 잠겨 있는 곳에 보관할 것
- 퇴근할 때마다 사무실을 꼭 잠그는 것을 잊지 말 것

② 지역사회에서의 위험을 줄이기 위한 안전지침

- 가정방문 시 실습생 단독으로 방문하지 않도록 하기
- 직원과의 동행 방문 시 기관을 떠나기 전 사례기록을 재검토할 것 예를 들어, 가족은 몇 명이 살고 있고, 가족 중 폭력전과가 있는지 주목할 것
- 방문하려는 클라이언트들의 주소, 예상되는 노선, 예상되는 기관 도착 시간과 함께 방문스케줄을 기관의 동료에게 알릴 것. 위험가능성이 의심되면 동료에게 가정방문 중 확인전화를 걸어주도록 부탁할 것
- 가정방문에 절대 필요한 자료들만 가져가고 귀중품(많은 현금, 불필요한 신용카드, 장신구)은 기관이나 가정에 남겨둘 것
- 가능하면 오전에 가정방문 일정을 잡거나 공공장소에서 만날 것
- 클라이언트에게 신분을 증명할 수 있는 것들을 뚜렷하게 보여줄 것 (기관 배지, 명함, 기관 자동차의 로고 등)
- 복장은 실습기관의 다른 직원들을 따를 것
- 자신의 감각이나 통찰에 민감할 것. 상황이 불편한 것 같고, 문제가 있을 가능성이 느껴진다면 약속을 다시 하거나 다른 조치를 취할 것

③ 클라이언트의 가정을 방문했을 때의 안전지침

- 자가운전하여 가정방문을 나간다면, 자동차의 모든 문들을 잠그고 바

지주머니 등 쉽게 접근할 수 있는 곳에 자동차 열쇠를 보관하며, 불필요한 물건들은 트렁크에 넣을 것

- 방문하는 집에 무슨 동물이 있는가에 주의하고, 끈이 풀린 동물에 대해서는 클라이언트에게 도움을 요청할 것
- 집에 있는 사람들에 주목하고, 그들이 누구인지 클라이언트에게 물어볼 것. 그 집에 다른 사람들이 있는 것이 불편하다면 그 사람들이 집을 나가도록 요청함으로써 논의할 정보의 비밀이 지켜질 수 있도록 클라이언트에게 권유할 것
- 집에 들어가면서 모든 것을 주목할 것
- 무기가 종종 보관되는 침실이나 부엌에서 클라이언트와 이야기하는 것을 피할 것
- 무기나 마약 등이 보이면 집에서 즉시 나올 것
- 방문 후 서류업무를 마치기 위해 다른 장소로 이동할 것. 가정방문 후 클라이언트의 집 앞에 주차하여 그 속에 앉아있지 말 것. 방문과 관련된 어떤 위험도 문서화할 것

④ 클라이언트와의 업무 시의 안전지침에 대한 안내

: 분노하고 저항하는 클라이언트에 대한 안전지침 안내

- 조용하고, 침착하며, 단호한 자세를 유지할 것. 놀람, 적의, 고통, 방어 등을 보이지 말 것. 클라이언트에게 단순하고 직접적인 문장으로 말할 것
- 클라이언트에게 긍정적 선택을 제공할 것(예 우리가 마주 앉아서 이 문제를 논의할 수 있도록 내 책상 앞으로 가까이 와주시기 바랍니다)
- 클라이언트를 환기시키고, 진정하며, 생각할 시간을 갖도록 상호작용의 속도를 늦출 것
- 클라이언트와 신체접촉을 피할 것
- 클라이언트에게 충분한 개인적 공간을 주기 위해 둘 사이의 공간을

충분히 확보할 것

- 클라이언트를 앉히도록 모든 노력을 할 것. 앉는 것이 불가능하다면 둘 사이의 공간을 충분히 두고, 기동할 수 있는 충분한 공간을 확보하기 위해 클라이언트 중심에서 멀리 떨어질 것
- 공격을 받으면 최소한의 힘을 쓸 것. 클라이언트를 억제하거나 본인이 풀려나기 위해 필요한 힘만을 쓰고, 도움을 얻기 위해 다른 곳으로 이동할 것

사회복지현장실습세미나 토론 주제 4	사회복지사로서 갖추어야 할 역량실행 계획

• 진행방법
- 팀 구성 : 팀은 다양한 방식으로 구성할 수 있다. 참여한 기관의 종류에 따라 나누는 것도 하나의 방법이다(예 종합복지관, 아동기관, 노인기관 등).
- 먼저 팀원 각자가 **사회복지사로서 필요한 역량을 열거**하고 그중 실현 가능한 항목을 골라 우선순위를 정한 다음 **해당 역량을 개발할 시기와 실현 방법을 구체적으로 기술**한다.
- 팀 전원이 돌아가며 자신이 정리한 생각을 발표하고, 의견을 나눈다.
- 팀원 중 한명이 이를 정리하여 팀별로 전체 학생을 대상으로 발표한다.
- 실습지도교수와 학생들이 함께 의견을 나누고 서로 격려·지지한다.

① 사회복지직에 필여한 역량은 무엇인가?

•	•	•	•
•	•	•	•

② 사회복지전문직의 핵심 가치는 무엇인가?

•	•	•
•	•	•

③ 역량개발 실행계획 세우기 원칙

S(Specific) 구체적
M(Measurable) 측정 가능
A(Attainable) 성취 가능
R(Result-oriented) 결과지향적
T(Time-bounded) 시간 제한

WHAT 무엇을	WHEN 언제	HOW 어떤 방법으로	HOW MUCH 얼마만큼	HOW LONG 얼마 동안

부록

부록 1 사회복지사업법 시행규칙 일부 개정에 따른 변경법 설명
부록 2 사회복지사 자격증 발급 신청서 작성방법 변경 안내
부록 3 사회복지사 윤리강령
부록 4 기타 서식

부록 1 사회복지사업법 시행규칙 일부 개정에 따른 변경법 설명[1)]

1. 사회복지사업법 시행규칙 일부 개정에 따른 변경법의 적용대상

1) 법령의 시행일(2020년 1월 1일) 기준 사회복지 관련 교과목 이수 여부로 판단

사회복지사업법 시행규칙 [별표1]에 따른 '사회복지학 전공교과목과 사회복지 관련 교과목'을 시행일 이전에 1과목이라도 이수하고 있다면 변경 전 법령(필수과목 10과목과 선택과목 4과목 이상, 사회복지현장실습 120시간 이상)에 따라 적용

2) 사회복지전공 학과생이 시행일 당시 사회복지 관련 교과목을 1과목도 이수하지 않은 경우 개정 법령 적용(현행 사회복지법은 학과기준이 아니고 교과목 기준임) 다만, 사회복지현장실습 교과목을 시행일 이후에 수강한다면 실습시간은 기존 법령에 따라 120시간 이상 이수하되, 실습기관은 보건복지부장관이 선정하는 기관에서 실습을 하여야 함

3) 사회복지현장실습 적용기준

구 분	실습시간	실습기관	실습세미나
2019년 12월 31일까지 사회복지현장실습을 이수하거나 수강하고 있는 경우	120시간	종전기준에 따른 실습기관	-
2019년 12월 31일까지 일부 교과목을 이수하였거나 수강하고 있고, 사회복지현장실습 교과목을 2020년 1월 1일 이후 수강하는 경우	120시간	보건복지부장관 선정기관	-
2020년 1월 1일 이후 모든 교과목을 수강하는 경우	160시간	보건복지부장관 선정기관	30시간

'수강하고 있는'은 교육기관의 해당교과목 수업기간을 기준으로 적용됨

---

1) 출처 : 한국사회복지사협회 자격관리센터 홈페이지의 2019년 10월 29일 공지사항 [법령안내]

적용예시 1)

사회복지현장실습 교과목의 수강 시작일이 2020년 1월 1일 이후인 경우 2020년 1월 1일 이후 보건복지부장관이 선정하는 기관에서 실습하여야 함 (2019년도 사전실습 불인정)

적용예시 2)

사회복지현장실습 교과목의 수강 시작일이 2019년 12월 31일 이전인 경우 종전 기준에 의한 실습기관에서 기관실습 가능(교과목 개설기간이 2019년 12월 10일~2020년 2월 10일 경우 변경 전 법령에 따라 기관실습 가능)

2. 사회복지사업법 시행규칙 일부 개정에 따른 변경되는 교과목 및 추가되는 교과목

1) 명칭이 변경되는 교과목

이수연도(시행일 이전, 시행일 이후)와 관계없이 변경 전 교과목명과 변경 후 교과목명 모두 인정됨

- 사회복지개론 → 사회복지학개론
- 사회복지법제 → 사회복지법제와 실천
- 사회복지발달사 → 사회복지역사
- 의료사회사업론 → 의료사회복지론
- 정신보건사회복지론 → 정신건강사회복지론
- 학교사회사업론 → 학교사회복지론

2) 신규 개설되는 교과목

시행일 이후 사회복지사 자격증을 신청하는 경우 시행일 전에 이수한 교과목도 선택과목으로 인정

- 가족상담 및 가족치료
- 국제사회복지론

- 복지국가론
- 빈곤론
- 사례관리론
- 사회복지와 문화다양성
- 사회복지와 인권

적용예시 1) 시행일 이후 '사회복지개론'을 이수할 경우 '사회복지학개론'으로 인정

적용예시 2) 시행일 이후 자격증 신청을 할 경우 '가족상담 및 가족치료'를 이수한 경우 선택과목 중 1과목 이수한 것으로 인정

적용예시 3) 시행일 이전 신규 교과목(7개 과목) 중 일부 또는 전부를 이수하였더라도 변경 전 법령에 따른 교과목을 1과목도 이수하지 않은 경우 변경된 법령적용(변경된 법령 기준 : 필수과목 10과목, 선택과목 7과목, 사회복지현장실습 160시간 이상 이수 등등)

3. 사회복지사업 시행규칙 일부 개정에 따른 사회복지현장실습(실습기관)

1) 기관실습 변경사항

구 분	기 존	변 경
실습시간	120시간 이상	160시간 이상
실습기관	사회복지사업법 제2조 제1항에 따른 사회복지사업과 관련된 법인, 시설, 기관 및 단체	① 사회복지사업을 수행하는 기관, 법인, 시설 또는 단체 ② 실습지도자가 2명 이상 상근 ③ 보건복지부장관으로부터 선정
실습지도자	1급 사회복지사 자격증을 취득한 이후 3년 이상의 사회복지사업 실무경험이 있거나 2급 사회복지사 자격증을 취득한 이후 5년 이상의 사회복지사업 실무경험이 있을 것	① 1급 사회복지사 자격증을 취득한 이후 3년 이상의 사회복지사업실무경험이 있거나 2급 사회복지사 자격증을 취득한 이후 5년 이상의 사회복지사업 실무경험이 있을 것 ② 기관실습이 실시되는 연도의 전년도에 8시간 이상의 보수교육이수

- 보수교육이란? : 사회복지사업법 시행규칙 제5조에 따른 법정의무교육으로 한국사회복지사협회 보수교육센터에서 세부내용을 확인 가능
- 보수교육 적용기준 : 2020년 실습을 지도하기 위해서는 2019년 보수교육 이수가 필요하며, 매년 이수교육 이수 필수
- 2019년 보수교육을 미이수한 경우 : 2020년 상반기 유예기간(6월 30일까지) 동안 개설되는 보수교육을 이수하고 실습지도를 하여야 함

2) 기관실습의 운영

(1) 실습인원 : 기관실습 지도자 1명이 동시에 지도할 수 있는 학생 수는 5명 이내

(2) 실습시간 : 실습지도자의 근로시간 내에 실시, 1일 최소 4시간 이상 최대 8시간 이하

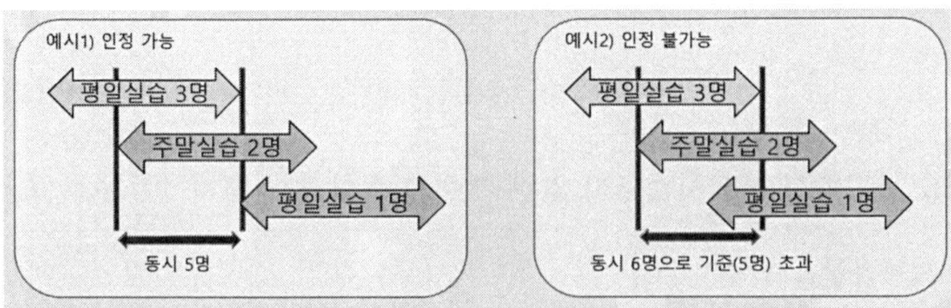

※ 평일실습, 주말실습, 주간실습, 야간실습 등 구분 없이 모두 동일한 사회복지현장실습 1건으로 보며, 같은 기간 내에 5명 초과하여 지도할 수 없음

4. 사회복지사업법 시행규칙 일부 개정에 따른 사회복지현장실습(실습세미나)

1) 실습세미나

(1) 실습세미나는 사회복지현장실습 교과목의 일부로 별도의 수업 개설이 필요하지 않음(교육기관에서 필요에 의해 별도 개설한 경우 인정 가능)

(2) 실시기준 : 1회당 2시간 이상을 총 15회 실시, 한 세미나에 참여하는 학생 수는 30명 이내 - 온라인 교육을 실시하는 교육기관의 실습세미

나는 대면 방식의 세미나를 3회 이상 실시(주 1회 초과 할 수 없음)

(3) 실습세미나 교수 기준 : 학사, 석사 또는 박사 학위 중 2개 이상의 학위를 사회복지학 전공으로 취득한 사람으로서 3년 이상의 사회복지학교육경험 또는 3년 이상의 사회복지사업 실무경험이 있는 교수가 지도

※ 사회복지학 교육경험 : 고등교육법 제2조에 따른 학교 또는 학점인정 등에 관한 법률 시행령 제3조에 따른 교육훈련기관에서의 사회복지학 교육경험

※ 사회복지사업 실무경험 : 사회복지사 자격증을 취득한 이후의 사회복지사업 실무경험

부록 2 사회복지사 자격증 발급 신청서 작성방법 변경 안내

2022년 7월 1일부터 사회복지사 자격증 발급 신청방법이 변경되었다. 한국사회복지사협회 차세대 전산시스템 개발에 따라 기존 오프라인 지류 작성으로 우편 제출하던 방식에서, 온라인[한국사회복지사협회 자격관리센터(https://lic.welfare.net)에서 온라인 자격신청]에 입력한 후 출력하여 증빙서류와 함께 가까운 시·도 사회복지사협회에 등기우편으로 접수하는 방식으로 사회복지사 자격증 발급 신청방법이 변경되었다.

사회복지사자격증 발급 신청방법 변경 안내 동영상 QR

한국사회복지사협회(2022)에서 배포한 자료를 중심으로 자세한 사항을 순서대로 살펴보면 다음과 같다.

① 자격관리센터 https://lic.welfare.net/lic/main.do 접속 후 홈페이지 “온라인 자격증 신청하러 가기” 아이콘 클릭

② 자격관리센터 https://lic.welfare.net/lic/main.do 접속 후 1차 메뉴 “온라인 자격신청” 마우스 오버

③ 2차 메뉴인 “온라인 자격신청” 클릭

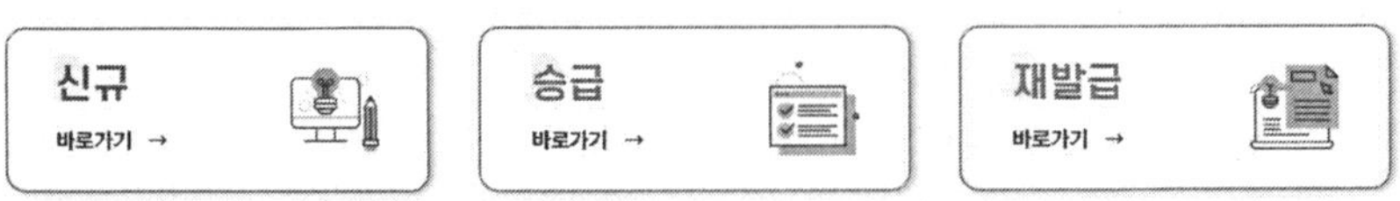

- 신규 개인회원 가입 회원 또는 이전에 개인회원 가입 후 사회복지사 전환을 하지 않은 회원은 신규 신청 대상이다.
- 사회복지사 전환을 완료하고 소지한 자격증 등급이 3급, 2급인 개인회원은 승급 신청 대상이다.
- 사회복지사 전환을 완료한 개인회원은 재발급 신청 대상이다.

- 개인회원이 소지한 자격증 등급에 따라서 신규 · 승급 · 재발급 아이콘에 개수가 다르게 나온다.
  바로가기 클릭 후 **실명인증**을 진행할 수 있다.

④ 실명인증

- 주민번호, 이름, 외국인 여부를 입력한다. 입력한 정보는 신청서 작성 시 수정하실 수 없다.
- 결격사유 확인을 모두 동의해야 실명인증을 진행할 수 있다.

사회복지사업법 제11조의2에 따른 사회복지사 결격 사유

- 피성년후견인 또는 피한정후견인
- 금고 이상의 형을 선고받고 그 집행이 끝나지 않았거나 그 집행을 받지 않기로 확정되지 않은 사람
- 법원의 판결에 따라 자격이 상실되거나 정지된 사람
- 마약대마 또는 향정신성의약품의 중독자
- 「정신건강증진 및 정신질환자 복지서비스 지원에 관한 법률」 제3조 제1호에 따른 정신질환자. 다만 전문의가 사회복지사로 적합하다고 인정하는 사람은 해당하지 않음.

- 인증하기 버튼을 클릭하면 신청서 작성을 진행할 수 있습니다.

⑤ 개인정보 입력

⑥ 사회복지과목 이수정보

⑦ 현장실습정보

⑧ 신청안내

- 서류 제출 지방협회 안내
- 사회복지사 자격증 발급 신청서 온라인 작성 완료 후 필독사항

01
신청접수
02
우편도착
03
서류도착
04
합격
05
자격증 발송

부록 3 사회복지사 윤리강령

- 전문 -

사회복지사는 인본주의·평등주의 사상에 기초하여, 모든 인간의 존엄성과 가치를 존중하고 천부의 자유권과 생존권의 보장활동에 헌신한다. 특히 사회적·경제적 약자들의 편에 서서 사회정의와 평등·자유와 민주주의 가치를 실현하는 데 앞장선다. 또한 도움을 필요로 하는 사람들의 사회적 지위와 기능을 향상시키기 위해 저들과 함께 일하며, 사회제도 개선과 관련된 제반 활동에 주도적으로 참여한다. 사회복지사는 개인의 주체성과 자기결정권을 보장하는 데 최선을 다하고, 어떠한 여건에서도 개인이 부당하게 희생되는 일이 없도록 한다. 이러한 사명을 실천하기 위하여 전문적 지식과 기술을 개발하고, 사회적 가치를 실현하는 전문가로서의 능력과 품위를 유지하기 위해 노력한다. 이에 우리는 클라이언트·동료·기관 그리고, 지역사회 및 전체사회와 관련된 사회복지사의 행위와 활동을 판단·평가하며 인도하는 윤리기준을 다음과 같이 선언하고 이를 준수할 것을 다짐한다.

- 윤리 기준 -

Ⅰ. 사회복지사의 기본적 윤리기준

1. 전문가로서의 자세
   1) 사회복지사는 전문가로서의 품위와 자질을 유지하고, 자신이 맡고 있는 업무에 대해 책임을 진다.
   2) 사회복지사는 클라이언트의 종교·인종·성·연령·국적·결혼상태·성적 지향·경제적 지위·정치적 신념·정신, 신체적 장애·기타 개인적 선호, 특징, 조건, 지위를 이유로 차별 대우를 하지 않는다.
   3) 사회복지사는 전문가로서 성실하고 공정하게 업무를 수행하며, 이 과정에서 어떠한 부당한 압력에도 타협하지 않는다.
   4) 사회복지사는 사회정의 실현과 클라이언트의 복지 증진에 헌신하며, 이를 위한 환경 조성을 국가와 사회에 요구해야 한다.
   5) 사회복지사는 전문적 가치와 판단에 따라 업무를 수행함에 있어, 기관 내외로부터 부당한 간섭이나 압력을 받지 않는다.
   6) 사회복지사는 자신의 이익을 위해 사회복지 전문직의 가치와 권위를 훼손해서는 안된다.
   7) 사회복지사는 한국사회복지사협회 등 전문가단체 활동에 적극 참여하여, 사회정의 실현과 사회복지사의 권익옹호를 위해 노력해야 한다.

2. 전문성 개발을 위한 노력
   1) 사회복지사는 클라이언트에게 최상의 서비스를 제공하기 위해, 지식과 기술을 개발하는 데 최선을 다하며 이를 활용하고 전파할 책임이 있다.
   2) 클라이언트를 대상으로 연구하는 사회복지사는 저들의 권리를 보장하기 위해, 자발적이고 고지된 동의를 얻어야 한다.

3) 연구과정에서 얻은 정보는 비밀보장의 원칙에서 다루어져야 하고, 이 과정에서 클라이언트는 신체적, 정신적 불편이나 위험・위해 등으로부터 보호되어야 한다.
4) 사회복지사는 전문성을 개발하기 위해 노력하되, 이를 이유로 서비스의 제공을 소홀히 해서는 안된다.
5) 사회복지사는 한국사회복지사협회등이 실시하는 제반교육에 적극 참여하여야 한다.

3. 경제적 이득에 대한 태도
1) 사회복지사는 클라이언트의 지불능력에 상관없이 서비스를 제공해야 하며, 이를 이유로 차별대우를 해서는 안 된다.
2) 사회복지사는 필요한 경우에 제공된 서비스에 대해, 공정하고 합리적으로 이용료를 책정해야 한다.
3) 사회복지사는 업무와 관련하여 정당하지 않은 방법으로 경제적 이득을 취하여서는 안 된다.

Ⅱ. 사회복지사의 클라이언트에 대한 윤리기준

1. 클라이언트와의 관계
1) 사회복지사는 클라이언트의 권익옹호를 최우선의 가치로 삼고 행동한다.
2) 사회복지사는 클라이언트에 대하여 인간으로서의 존엄성을 존중해야 하며, 전문적 기술과 능력을 최대한 발휘한다.
3) 사회복지사는 클라이언트가 자기결정권을 최대한 행사할 수 있도록 도와야 하며, 저들의 이익을 최대한 대변해야 한다.
4) 사회복지사는 클라이언트의 사생활을 존중하고 보호하며, 직무 수행과정에서 얻은 정보에 대해 철저하게 비밀을 유지해야 한다.
5) 사회복지사는 클라이언트가 받는 서비스의 범위와 내용에 대해, 정확하고 충분한 정보를 제공함으로써 알 권리를 인정하고 존중해야 한다.
6) 사회복지사는 문서・사진・컴퓨터 파일 등의 형태로 된 클라이언트의 정보에 대해 비밀보장의 한계・정보를 얻어야 하는 목적 및 활용에 대해 구체적으로 알려야 하며, 정보 공개시에는 동의를 얻어야 한다.
7) 사회복지사는 개인적 이익을 위해 클라이언트와의 전문적 관계를 이용하여서는 안 된다.
8) 사회복지사는 어떠한 상황에서도 클라이언트와 부적절한 성적관계를 가져서는 안 된다.
9) 사회복지사는 사회복지 증진을 위한 환경조성에 클라이언트를 동반자로 인정하고 함께 일해야 한다.

2. 동료의 클라이언트와의 관계
1) 사회복지사는 적법하고도 적절한 논의 없이 동료 혹은, 다른 기관의 클라이언트와 전문적 관계를 맺어서는 안 된다.
2) 사회복지사는 긴급한 사정으로 인해 동료의 클라이언트를 맡게 된 경우, 자신의 의뢰인 처럼 관심을 갖고 서비스를 제공한다.

Ⅲ. 사회복지사의 동료에 대한 윤리기준

1. 동 료
1) 사회복지사는 존중과 신뢰로서 동료를 대하며, 전문가로서의 지위와 인격을 훼손하는 언행을 하지 않는다.

2) 사회복지사는 사회복지 전문직의 이익과 권익을 증진시키기 위해 동료와 협력해야 한다.
3) 사회복지사는 동료의 윤리적이고 전문적인 행위를 촉진시켜야 하며, 이에 반하는 경우에는 제반 법률규정이나 윤리기준에 따라 대처해야 한다.
4) 사회복지사가 전문적인 판단과 실천이 미흡하여 문제를 야기시켰을 때에는, 적절한 조치를 취하여 클라이언트의 이익을 보호해야 한다.
5) 사회복지사는 전문직 내 다른 구성원이 행한 비윤리적 행위에 대해, 제반 법률규정이나 윤리기준에 따라 조치를 취해야 한다.
6) 사회복지사는 동료 및 타 전문직 동료의 직무 가치와 내용을 인정・이해하며, 상호 간에 민주적인 직무관계를 이루도록 노력해야 한다.

2. 수퍼바이저
1) 수퍼바이저는 개인적인 이익의 추구를 위해 자신의 지위를 이용해서는 안 된다.
2) 수퍼바이저는 전문적 기준에 의해 공정하게 책임을 수행하며, 사회복지사・수련생 및 실습생에 대한 평가는 저들과 공유해야 한다.
3) 사회복지사는 수퍼바이저의 전문적 지도와 조언을 존중해야 하며, 수퍼바이저는 사회복지사의 전문적 업무수행을 도와야 한다.
4) 수퍼바이저는 사회복지사・수련생 및 실습생에 대해 인격적・성적으로 수치심을 주는 행위를 해서는 안 된다.

Ⅳ. 사회복지사의 사회에 대한 윤리기준
1) 사회복지사는 인권존중과 인간평등을 위해 헌신해야 하며, 사회적 약자를 옹호하고 대변하는 일을 주도해야 한다.
2) 사회복지사는 필요한 사회서비스를 개발하기 위한 사회정책의 수립・ 발전・입법・집행에 적극적으로 참여하고 지원해야 한다.
3) 사회복지사는 사회환경을 개선하고 사회정의를 증진시키기 위한 사회정책의 수립・발전・입법・집행을 요구하고 옹호해야 한다.
4) 사회복지사는 자신이 일하는 지역사회의 문제를 이해하고, 그것을 해결하는 일에 적극적으로 참여해야 한다.

Ⅴ. 사회복지사의 기관에 대한 윤리기준
1) 사회복지사는 기관의 정책과 사업 목표의 달성, 서비스의 효율성과 효과성의 증진을 위해 노력함으로써, 클라이언트에게 이익이 되도록 해야 한다.
2) 사회복지사는 기관의 부당한 정책이나 요구에 대하여, 전문직의 가치와 지식을 근거로 이에 대응하고 즉시 사회복지윤리위원회에 보고해야 한다.
3) 사회복지사는 소속기관 활동에 적극 참여함으로써, 기관의 성장발전을 위해 노력해야 한다.

Ⅵ. 사회복지윤리위원회의 구성과 운영
1) 한국사회복지사협회는 사회복지윤리위원회를 구성하여, 사회복지윤리실천의 질적인 향상을 도모하여야 한다.
2) 사회복지윤리위원회는 윤리강령을 위배하거나 침해하는 행위를 접수받아, 공식적인 절차를 통해 대처하여야 한다.
3) 사회복지사는 한국사회복지사협회의 윤리적 권고와 결정을 존중하여야 한다.

〈서식〉 실습생 – 집단지도 계획서(소집단용)

집단지도 계획서(소집단용)

집 단 명		집단지도자(실습생)명	
대 상		성원 수	
기 간		장소	

1. 실시 배경

2. 목적

3. 목표

결과목표 1		결과목표 2	
하위목표 1-1		하위목표 2-1	
하위목표 1-2		하위목표 2-2	

4. 목표 관련 지도 내용 및 구체적 수행방법

결과목표	하위목표	지도 내용	수행방법	비고

5. 평가계획

평가지표	
평가도구	
평가방법	

6. 회기별 일정표

횟수	일시	목표	내용	준비물

7. 예산

〈서식〉 실습생 – 집단과정 일지(소집단용)

집단과정 일지(소집단용)

집단지도자(실습생)명		집단명	
집단진행 날짜		집단 활동 장소	
참석자(명)명단			
결석자(명)명단			

1. 목표 및 세부목표

1. 목표 : 2. 세부목표 : 2-1. 2-2.

2. 집단진행요약

시간	프로그램 내용	사회복지사의 역할

3. 과정 기록

1) 모임 전 단계(자리 위치 표시)
2) 모임 단계
3) 모임 후 단계

4. 평가

1) 목표 달성 및 프로그램 평가
2) 집단의 역동성(성원–성원, 성원–지도자)
3) 성원의 개별 평가(개인의 변화, 참여도, 지도자・타 회원과의 관계)
4) 지도자 자신에 대한 평가(역할 및 의도적 개입)

5. 다음 집단모임 계획

〈서식〉 실습생 – 집단의 개별회원 분석표(소집단용)[1)]

집단의 개별회원 분석표(소집단용)

회원명		집단명	
회원 수		집단지도자(실습생)	

집단의 목표	
개인의 목표	

회기	날짜	참석여부 /참석인원	개인의 변화 정도 및 내용	참여도	지도자와의 관계	타 회원과의 관계
1		/				
2		/				
3		/				
4		/				
5		/				
6		/				
7		/				

〈 종합평가 〉

1) 모든 집단지도 상황에서 활용되어야 하는 것은 아니며, 집단과정에서 개인의 변화를 민감하게 기록할 필요가 있을 경우에 활용할 수 있음

〈서식〉 실습생 – 집단 종결 기록서(소집단용)

집단 종결 기록서(소집단용)

집단명		집단지도자(실습생)명	
집단진행 날짜		집단 활동 장소	
전체진행 회기 수		출석률	
주요진행사항			

1. 회원의 평가
   1) 운영면
      (1) 프로그램 진행평가
      (2) 집단 참여 태도
   2) 프로그램 내용
   3) 목표달성
   4) 다음 프로그램에 대한 의견
   5) 지도자에 대한 평가

2. 지도자(실습생)의 평가
   1) 집단의 특징
   2) 회원의 참여도
   3) 집단성원에 대한 개별화의 정도
   4) 집단역동의 활용 정도
   5) 집단에 대한 발달단계분석

구 분	초 기	중 기	말 기
참여도			
개인의 변화			
지도자와의 관계			
타 회원과의 관계			
기타(　)			
기타(　)			

〈서식〉 실습생 – 사회복지정책 분석 보고서(정책개발 및 평가)

사회복지정책 분석 보고서

○ 분석자(실습생)명 :

정책명	
관련법규/지침	
주무부서	

1. 문제제기 및 분석목적

2. 분석한 정책의 주요 내용

3. 자료수집 및 분석방법

4. 분석결과 논의
   4.1 정책목표분석
   4.2 정책이 추구하는 가치 분석
   4.3 급여대상 분석
   4.4 급여의 적절성 분석
   4.5 급여의 전달체계 분석
   4.6 재정 분석

5. 관련정책과 관련한 주요 이해당사자의 입장 분석

6. 분석한 정책의 개선방향 및 전망

7. 총평

〈서식〉 실습생 – 사회행동, 옹호활동 보고서(사회행동)

사회행동, 옹호활동 보고서

ㅇ 분석자(실습생)명 :

구분	요약 제시
사회행동명	
활동 목적	
참여자	
대상 집단	
옹호 대상	

1. 문제제기 및 활동목적

2. 참여자의 특성

3. 대상 집단의 특성

4. 옹호집단의 특성

5. 주요활동경과

6. 활동전략분석
6.1 대상 집단을 이기기 위한 힘을 얻기 위한 전략
6.2 합법성을 확보하기 위한 전략 (법적행동 포함)
6.3 타조직과 협력하는 전략
6.4 전술을 연결시키는 전략
6.5 협상을 전개하는 전략
6.6 홍보 및 언론활용 전략

7. 향후 행동 전략 제안

〈서식〉 실습생 – 홍보 기획서

사회복지기관(사업) 홍보 기획서

ㅇ 기획자(실습생)명 :

1. 상품(홍보하려는 기관이나 사업)의 특성 분석
   (상품의 내용, 경쟁기관이나 사업의 존재여부 등)

2. 유치하려는 소비자 집단의 특성별 구분

3. 대상별 소비자에게 호소하기 위한 전략
   (담당, 장소, 방법 등을 일목요연하고 자세히 제시)

4. 홍보일정

5. 홍보예산

7. 첨부 (보도 자료, 광고전단, 안내지 자료, 홈페이지 자료 등)

〈서식〉 실습생 – 개별면접 일지

개별면접 일지

실습생명		면접날짜와 시간	
클라이언트		면접 장소	

1. 면접 준비과정

2. 면접목표

1) 2)

3. 과정기록 및 분석

면접내용	실습생 분석	실습지도 내용

* 주요한 면접장면에 대해서는 대화체의 기록을 직접 인용하는 것이 권장됨.
* 면접자의 의도적인 개입, 언어적·비언어적 의사소통 모두에 주의하여 기록할 것.
* 상기 내용이 포함된다면, 기관 상황과 면접 상황에 맞추어 별도 양식 활용 가능.

4. 면접목표 달성에 대한 평가

5. 실습생 의견

6. 다음 면접 계획

〈서식〉 실습생 – 가족상담 기록서

가족상담 기록서

클라이언트 (IP)		성별		연령	
날짜		장소		총 회수/시간	
실습생명				실습지도자	

1. 의뢰과정

2. 문제 상황에 대한 가족의 정의

3. 가계도

4. 가족생태도 : 가족의 하위체계 간 관계 등 기록

5. 가족의 사회자원망

6. 가족생활주기

7. 가족사정 및 이론적 근거

8. 개입 목표와 개입 전략

9. 개입 내용 정리

회기	내 용	주요 질문과 내담자의 반응

10. 평가 및 사후관리계획

〈서식〉 실습생 – 사회조사 계획서

사회조사 계획서

조사주제	
조사/분석일	
조사자(실습생)명	

1. 문제제기 및 조사문제의 제시
   1.1. 문제의 기술
   2.2. 검토될 조사문제에 대한 진술
   2.3. 문제의 중요성과 조사 필요성 제시

2. 조사와 관련한 문헌자료 검토
   2.1. 이론적 역사적 관점
   2.2. 문헌에서 파악된 차이점들 검토

3. 조사방법 제시
   3.1. 조사 설계와 자료수집절차
   3.2. 표집설계
   3.3. 대상에 대한 기술
   3.4. 측정방법 기술
   3.5. 자료 분석 절차

4. 예산

5. 기타 필요한 사항

6. 부록 (관련 참고문헌, 설문지 등 필요한 자료를 첨부할 수 있음)

〈서식〉 실습생 – 사회조사 진행일지

사회조사 진행일지

조사주제	
진행일	
조사자(실습생)명	

1. 조사 진행 단계 기록

2. 조사과정에서 보완되어야 할 사항 기록

3. 추후 조사 진행 계획

〈서식〉 실습생 – 사회조사 분석 평가서

사회조사 분석 평가서

조사주제	
진행일	
조사자(실습생)명	

1. 문제제기 및 조사문제의 제시
   1.1. 문제의 기술
   1.2. 검토될 조사문제에 대한 진술
   1.3. 문제의 중요성과 조사 필요성 제시

2. 조사와 관련한 문헌자료 검토
   2.1. 이론적 역사적 관점
   2.2. 문헌에서 파악된 차이점들 검토

3. 조사방법 제시
   3.1. 조사 설계와 자료수집절차
   3.2. 표집설계
   3.3. 대상에 대한 기술
   3.4. 측정방법 기술
   3.5. 자료 분석 절차

4. 조사결과 제시
   4.1. 기술적 분석
   4.2. 인과적 분석

5. 논의점
   5.1. 밝혀진 사항에 대한 설명
   5.2. 실천에의 함의
   5.3. 평가의 한계와 약점

6. 참고문헌

7. 부록 (설문지 외 조사와 관련된 주요자료 첨부)

〈서식〉 실습생 – 기관방문분석 보고서

기관방문분석 보고서

* 특정 분야나 내용에 관심을 가지고 방문을 추진한 경우에는 별도의 양식을 활용하거나, 특정 내용만 선택하여 기록할 수 있습니다.

실습생명		방문기관명	
기관소재지	(전화 :)		
기관소개자	(부서 : 직책 :)		

1. 기관방문 목적
2. 기관방문을 위한 질의사항 및 응답 정리
3. 기관방문을 통해 알게 된 지식

〈검토할 사항 예시〉

1. 기관의 역사
   (1) 기관 설립동기 및 설립목적
   (2) 기관 사업의 역사적 변천
   (3) 기관 역사에 대한 실습생의 평가
2. 기관의 목적
3. 기관의 주요 사업 및 프로그램
   (1) 클라이언트 및 대상 지역
   (2) 주요 사업
   (3) 서비스 전달체계
   (4) 기관의 대상층 및 주요 사업에 대한 실습생의 평가
4. 기관의 행정사항
   (1) 기관의 조직구조
   (2) 예산, 후원 및 지원 사항
   (3) 기관의 행정구조와 예산 사용 및 후원에 대한 실습생의 평가
5. 기관이 속한 지역사회, 물리적 환경의 특징
   (1) 지역사회
   (2) 물리적 환경(시설, 공간 등)
6. 사회복지기관으로서 지역 내 타 기관들과의 연계
   (1) 관계유형 및 내용
   (2) 기관의 타 기관과의 관계유지에 대한 실습생의 평가
7. 기관의 특별한 면이나 전반적인 사항에 대한 인상이나 느낌

〈서식〉 실습생 – 지역탐방 보고서

지역탐방보고서

○ 조사자(실습생)명 : ○ 지역소개자 :

1. 탐방지역

2. 지역의 주요 사회지표 제시

3. 지역의 인구사회학적 특성

4. 지역의 사회경제학적 특성

5. 지역의 사회복지기관 및 자원 탐색

6. 필요하거나 보완되어야 할 사회복지서비스 제안

7. 결론

8. 첨부 (관련 지도를 비롯한 탐방보고서 작성에 참조한 자료를 첨부할 수 있음)

〈서식〉 실습생 – 실습지도자 평가척도[2)]

슈퍼바이저 평가척도

점수	평가기준
1점	슈퍼비전을 제대로 제공하지 못하여 슈퍼비전을 위한 학습이 절대적으로 요구됨
2점	슈퍼비전을 제공하는 영역에 대한 지식도 부족하고 슈퍼비전을 제공할 능력도 부족함
3점	슈퍼비전을 제공하는 영역에 대한 기본 지식을 갖추고 있으며, 슈퍼비전을 제공하는 능력이 있음
4점	슈퍼비전을 제공하는 영역에 대한 정확한 지식을 갖추고 있으며, 슈퍼비전을 체계적으로 정확하게 제공함
5점	슈퍼비전을 제공하는 영역에 대한 정확한 지식을 갖추고 있으며, 슈퍼비전을 체계적으로 정확하게 제공하는 우수한 전문가 위상을 갖추고 있음

영역	내 용	점수				
		1	2	3	4	5
1. 지식	1.1 슈퍼비전의 목적을 이해한다.					
	1.2 슈퍼비전의 경계를 명확히 알고 있다.					
	1.3 다음 요소를 이해한다. 행정적 / 교육적 / 지지적					
	1.4 다양한 슈퍼비전 계약의 유형을 알고 있다.					
2. 슈퍼비전 관리기술	2.1 슈퍼비전 목적을 슈퍼바이지에게 설명할 수 있다.					
	2.2 서로가 동의하고 명확한 계약을 협상해 낼 수 있다.					
	2.3 적절한 경계를 유지할 수 있다.					
	2.4 다음과 같은 슈퍼비전 분위기를 형성할 수 있다. 공감적 / 진실한 / 적합한 / 신뢰할 수 있는 / 직접적					
	2.5 행정적 · 교육적 · 지지적 기능 간의 균형을 유지할 수 있다.					
	2.6 정각에 적절하게 회기를 끝낼 수 있다.					
3. 슈퍼비전 개입기술	3.1 다음의 개입유형을 사용할 수 있다. 규범적 / 지식을 주는 / 대립적 / 촉매적 / 카타르시스적 / 지지적					
	3.2 다음과 같은 방법으로 피드백을 줄 수 있다. 명확한 / 인정한 / 균형이 맞는 / 구체적					

2) Hawkins & Shohet(2006), pp. 127-129, 사회복지현장실습 지도자교육(2010) 재인용.

	3.3 다음에 유용하게 초점을 맞출 수 있다. 보고된 내용 / 슈퍼바이지의 개입 / 슈퍼바이지-클라이언트 관계 / 슈퍼바이지의 역전이 / 슈퍼비전 관계 / 자신의 역전이 / 좀 더 넓은 맥락					
	3.4 자신의 일하는 방법을 묘사할 수 있다.					
	3.5 자신의 경험을 적절하게 제공할 수 있다.					
	3.6 슈퍼바이지에게 자신의 슈퍼비전 기술을 전개할 수 있다.					
4. 특성 또는 특질	4.1 슈퍼바이저 역할에 대한 헌신한다.					
	4.2 슈퍼바이저 역할 고유의 권위에 대해 편안하다.					
	4.3 격려하고 동기를 부여하며 적절한 낙관주의를 줄 수 있다.					
	4.4 슈퍼바이지의 욕구에 대해 민감하다.					
	4.5 다음과 같은 개인의 차이를 인식하고 적응할 수 있다. 성 / 연령 / 문화적 · 인종적 배경 / 계층 / 성적 오리엔테이션 / 성격 / 전문적 훈련					
	4.6 유머감각이 있다.					
5. 지속적 발전에 대한 헌신	5.1 자신의 적절한 슈퍼비전에 대해 책임져 왔다.					
	5.2 자신의 실천가 및 슈퍼바이저로서의 기술과 지식을 업데이트하기 위해 노력했다.					
	5.3 슈퍼바이저로서 자신의 강점과 단점을 파악하고 자신의 한계를 인정한다.					
	5.4 다음과 같은 사람들로부터 정기적 피드백을 받는다. 슈퍼바이지 / 동료 / 자신의 슈퍼바이저 또는 상사					
6. 집단 슈퍼바이저	6.1 집단역동에 대한 지식을 가지고 있다.					
	6.2 슈퍼비전 과정을 돕기 위해 집단과정을 사용할 수 있다.					
	6.3 집단 내의 경쟁력을 조정할 수 있다.					
7. 시니어 조직 슈퍼바이저	7.1 전문가 간의 이슈를 감독할 수 있다.					
	7.2 조직의 이슈를 감독할 수 있다.					
	7.3 팀 내의 활동범위와 조직발달에 대한 지식을 가지고 있다.					
	7.4 기초가 되는 팀 또는 조직문화를 '표면화'할 수 있다.					
	7.5 조직의 변화를 촉진할 수 있다.					
	7.6 슈퍼비전이 활발하게 이루어지는 학습적 문화를 조성할 수 있다.					

〈서식〉 실습생 – 실습지도 평가척도[3)]

슈퍼비전 평가척도

1점 : 위험이 없는 상태로, 현재의 실천이 적절하여 수정이 필요하지 않은 상태
2점 : 약간의 위기상태로, 현재의 실천은 적절하지만 약간의 수정이 필요한 상태
3점 : 중간 정도의 위기가 있는 상태로, 현재의 실천은 문제가 있고 그래서 위기를 최소화하기 위한 수정이 필요한 상태
4점 : 높은 위기상태로 현재의 실천은 심각하게 문제가 있으며 수정이 매우 필요한 상태

구분	번호	문항				
슈퍼비전	1	슈퍼바이저는 슈퍼바이지가 고지된 동의를 하도록 정보를 제공하는가	①	②	③	④
	2	슈퍼바이저는 철저한 치료와 개입계획을 발전시키고 실행하려는 슈퍼바이지의 노력을 관찰하는가	①	②	③	④
	3	슈퍼바이저는 정보의 부적절한 노출과 같은 클라이언트와의 모든 접촉에서 슈퍼바이지의 실수를 지적하고 반응하는가	①	②	③	④
	4	슈퍼바이저는 슈퍼바이지의 클라이언트가 언제 다른 곳으로 의뢰되어야 하는지, 치료의 종결은 언제 해야 하는지 등에 관해 알고 있는가	①	②	③	④
	5	슈퍼바이저는 슈퍼바이지가 언제 자문을 구해야 하는지를 알고 있는가	①	②	③	④
	6	슈퍼바이저는 슈퍼바이지의 역량이 부족하고, 잘못을 저지르고 비윤리적 행위를 했다는 것을 슈퍼바이지가 기꺼이 말할 수 있도록 그 능력과 자발성을 모니터링하는가	①	②	③	④
	7	슈퍼바이저는 슈퍼바이지가 자신의 클라이언트와 적절한 경계를 유지하는지 모니터링하는가	①	②	③	④
	8	슈퍼바이저는 신체적인 위험으로부터 제삼자를 보호하는가	①	②	③	④
	9	슈퍼바이저는 필요 이상으로 길게 진행되는 치료와 태만한 치료계획을 감지하거나 중지하는가	①	②	③	④
	10	슈퍼바이저는 특정 클라이언트의 치료를 위해서는 외부 전문가를 활용하는가	①	②	③	④
	11	슈퍼바이저는 슈퍼바이지와 정기적으로 만나는가	①	②	③	④
	12	슈퍼바이저는 슈퍼바이지의 기록, 결정, 행동을 검토하고 인정하는가	①	②	③	④
	13	슈퍼바이저는 슈퍼바이지의 결근에 적절한 반응을 보이는가	①	②	③	④
	14	슈퍼바이저는 슈퍼비전 제공에 대해 문서화하는가	①	②	③	④
	15	슈퍼바이저는 슈퍼바이지와의 관계에서 적절한 경계를 유지하는가	①	②	③	④
	16	슈퍼바이저는 슈퍼바이지에게 시기적절하고 도움이 되는 성과평가와 피드백을 제공하는가	①	②	③	④
	17	슈퍼바이저는 슈퍼비전 동의서를 문서화하는가	①	②	③	④
	18	슈퍼바이저는 슈퍼바이지의 윤리적 관심과 윤리적 쟁점의 민감성을 높이기 위한 슈퍼바이지의 노력에 반응하는가	①	②	③	④
	19	슈퍼바이저는 슈퍼바이지가 그들의 전문적 책임성을 충족시킬 수 있도록 하는 충분한 시간과 적절한 업무량을 제시하는가	①	②	③	④
	20	슈퍼바이저는 적절한 슈퍼비전을 제공하기 위하여 그들의 업무에 있어 충분한 시간을 제공하는가	①	②	③	④

3) Reamer(2001), 사회복지현장실습 지도자교육(2010) 재인용.

참고문헌

김양미(2022). 사회복지법제와 실천. 고양 : 공동체.

김영호 · 오정옥 · 이은경(2008). 사회복지현장실습의 이해. 파주 : 양서원.

김윤나(2012). 사회복지현장실습 가이드북. 서울 : 신정.

김장권(2018). NSC 기반 사회복지 프로그램 개발과 평가. 고양 : 지식공동체.

박지영 · 배화숙 · 엄태완 · 이인숙 · 최희경(2014). 함께하는 사회복지의 이해. 서울 : 학지사.

박희숙 · 현민석 · 김애선(2021). 사회복지 현장실습과 실습세미나. 고양 : 공동체.

법제처. 노인복지법. https://www.law.go.kr. 2022.12.12.

______. 사회복지사업법 시행규칙. https://www.law.go.kr. 2022.12.12.

______. 아동복지법. https://www.law.go.kr. 2022.12.12.

보건복지부(2005). 사회복지관 및 재가복지봉사센터 운영관련 업무처리 요령안내.

_________(2022). 2022년 사회복지시설 관리 안내.

_________(2022). 2022년 사회복지관 운영관련 업무처리 안내.

_________(2022). 2022년 희망복지지원단 업무안내.

삼성복지재단(2017). 2016 사회복지 프로그램 개발지원 작은나눔 큰사랑 우수사례집.

서미경 · 김영란 · 박미은(2015). 사회복지 윤리와 철학. 파주 : 양서원.

서정순 · 김정일 · 김현진 · 조우홍(2021). 한권으로 끝내는 사회복지현장실습. 파주 : 양서원.

서진환(2011). 사회복지실습의 길잡이. 서울 : 학지사.

석말숙 · 김정진(2022). 사회복지 현장실습 A to Z. 서울 : 학지사.

손병덕 · 황혜원 · 전미애(2014). 가족복지론. 서울 : 학지사.

신민선 · 김남식 · 김옥례 · 변호순 · 엄미아 · 임봉호 · 조영선(2020). 학교사회복지현장실습–실습생을 위한 매뉴얼. 파주 : 양서원.

신복기 · 박경일 · 이명현 · 윤기혁 · 권진아(2019). 사회복지행정론. 고양 : 공동체.

신성자(2007). 사회복지실천기술론. 파주 : 양서원.

안정선 · 윤철수 · 진혜경 · 박경현(2010). 학교사회복지 현장실습 매뉴얼. 파주 : 양서원.

오혜경 · 하지영(2007). 사회복지현장실습 매뉴얼. 파주 : 양서원.

우국희 · 임세희 · 성정현 · 최승희 · 장연진 · 좌현숙(2013). 사회복지 윤리와 철학. 고양 : 공동체.

윤철수 · 김정진(2010). 예비사회복지사를 위한 현장실습 길라잡이. 서울 : 학지사.

윤현숙 · 김기환 · 김성천 · 이영분 · 이은주 · 최현미 · 홍금자(2001). 사회복지실천기술론. 서울 : 동인.

이영실 외(2008). 사회복지실천기술론. 파주 : 양서원.

이원주 · 우병훈(2020). **사회복지현장실습**. 고양 : 공동체.
이해령(2005). 한국의 사회복지사가 경험하는 종결과정. 중앙대학교 대학원 석사학위논문.
임정문 · 이지복 · 정명환 · 박선태 · 윤혜신(2021). **사회복지현장실습**. 서울 : 동문사.
전선영(2005). 사회복지가치를 매개로 한 사회복지교육과 옹호태도 및 전략의 인과관계 분석. **한국사회복지학**, 57(4), 35-65.
정연모 · 임우현 · 최형임(2020). **사회복지현장실습**. 고양 : 지식공동체.
조성숙(2020). **사회복지현장실습 : 이론과 실제**. 고양 : 공동체.
조성숙 · 이신영(2013). **사회복지현장실습**. 고양 : 공동체.
조성심(2020). **사회복지현장실습매뉴얼**. 고양 : 지식공동체.
조성우 · 안정선 · 최승희 · 김상곤(2018). **사회복지프로그램 개발과 평가**. 서울 : 학지사.
조추용(1998). 사회복지 전문직에 관한 연구. 한국사회복지학회 연구위원회. 한국사회복지학회 추계학술대회 자료집. 한국사회복지학회, 108-122.
최명민(2008). 사회복지사 윤리적 민감성 검사도구(SWEST) 개발 및 활용에 관한 연구. **한국사회복지학**, 60(2), 5-28.
최일섭 · 최성재(1994). **사회문제와 사회복지**. 서울 : 나남출판.
최재성 · 남기민(2000). **사회복지행정론**. 서울 : 나남출판.
한국사회보장정보원(2021). 2021년 공공부문 사례관리 연계 · 협력 업무 안내.
한국사회복지사협회(2014). 표준실습교육매뉴얼.
________________(2017). 사회복지현장실습매뉴얼.
________________(2021). 2021년 사회복지사 자격관리 지침.
________________(2022). 한국사회복지사협회 자격관리센터 온라인 자격신청 사용자 매뉴얼. https://lic.welfare.net.
한국사회복지사협회 자격관리센터. 2019년 10월 29일 공지사항 [법령안내]. www.welfare.net.
한상훈(1997). 사회학적 관점에서 본 전문직. **교육연구**, 13, 115-134.
허희옥(2007). 사이버학습환경에서 '교육적 경험'을 지원하는 교수자의 역할 모형설계. **교육정보미디어연구**, 13(2), 195-223.
홍나미 · 김혜영 · 이은진 · 신인순(2022). **사회복지현장실습과 세미나**. 고양 : 공동체.
홍선미(2006). 자활지원 사례관리 모형과 운영방안 연구. **사회복지연구**, 29, 133-165.
황성철(1995). 사례관리 실천을 위한 모형개발과 한국적 적용에 관한 연구. **한국사회복지학**, 27, 275-304.
_____(2005). **사회복지 프로그램 개발과 평가**. 고양 : 공동체.

Bogo, M., & Globerman, J.(1999). Inter-organization relationships between schools of social work and field agencies : Testing a framework for analysis. *Journal of Social Work*

Education, 35, 265-274.

Bradshow, J.(1977). The concept of social need. In N. Gilbert & Specht(Eds.), *Planning for Social Welfare*(pp. 290-296). Englewood cliff, NJ : Prentice-hall.

Larser, P., & Robbins, V.(2004). Field education : Exploring the future, expanding the vision. *Journal of Social Work Education*, 40(1), 3-11.

Royse, D., Thyer, B. A., Padgett, D. K., & Logan, T. K.(2001). *Program Evaluation an Introduction*(3rd ed.). Belmont, CA : Brooks/Cole.

저/자/약/력

■ 김양미

대구가톨릭대학교 사회복지학(석사, 박사)
전 대구가톨릭대학교 사회통합연구소 선임연구원
현 대구한의대학교 노인복지상담학과 교수

[논문]
근로소득보전세제의 국가간 비교연구
사회서비스에 대한 제공자의 주관적 인식 유형 연구
미국사회복지정책의 경과와 특징
재활 및 복지계열 대학생의 장애인식 연구(공저)

[저서]
한부모가족지원사업에 대한 성인지적 분석(공저)
이주여성이 말하다(공저)
이주여성, 그들의 삶과 꿈(공저)
2015년 대구시 중점 지역사회서비스투자사업 공급실태조사 연구(공저)
중독 측정과 평가(공저)
(대학생을 위한) 사회봉사입문
(법제와 사례로 살펴보는) 다문화사회와 문화다양성

사회복지현장실습과 세미나

|저자| 김양미

|1판 1쇄| 발행 2023년 1월 31일

|발행인| 김동훈
|발행처| 공동체

|주소| 경기도 고양시 일산동구 호수로 358-39, 동문타워 1차 905호(백석동)
|전화| 031)814-3000(대표)
|팩스| 031)814-3100
|홈페이지| http://www.compub.co.kr
|전자우편| compub@naver.com
|출판등록| 2005년 10월 6일
|등록번호| 제396-2005-36호

|ISBN| 979-11-6725-251-7
정가 16,000원